とことん、「一点だけ」で突き抜ける

所 浩史
Hiroshi Tokoro

Discover

はじめに——30年間、一つの道を極めて学んだこと

こんにちは。

突然ですが、あなたはプリンが好きですか？


「大好き！」

「まあまあ好き」

「好き」


そんな声が聞こえてくるようです。

アレルギーなどの事情でプリンを食べられない人はいるかもしれませんが、「プリンが嫌い」という人に私は会ったことがありません。

プリンを食べるとき、人は自然と笑顔になります。
プリンを食べるとき、怒っている人はいません。

そう、プリンは幸せと平和の象徴。
だから、**プリンを作る仕事は、笑顔を増やす仕事**。

人の笑顔を増やす仕事の根本にあるのは、真面目で、誠実で、愛情を込めた働き方と生き方です。
私は**プリンづくりを通して、どんなときでも楽しく、たくましく、しなやかに成長し続ける術を学ぶことができた**のです。

申し遅れました。
私は、パティシエの所《ところ》浩《ひろ》史《し》です。

ケーキやクッキーも作りますが、もう長い間、プリンづくりに人生を捧げてきたので「プリン職人」と呼ばれることが増えました。

代表作は、１９９３年にパスタ＆デザート「パステル　新宿ミロード店」でセットメニューのデザートとして提供した「パステルなめらかプリン」。口コミで評判が広がって、テレビや雑誌に紹介されて大ヒット。「最大年間販売数２７００万個」という記録には、自分でも驚いてしまいます。

パステルを離れた後も、**「プリンの力で日本を元気にしよう！」**と全国を飛び回り、現在30か所以上で「ご当地プリン」の開発支援にかかわっています。

また、故郷・岐阜に小さな洋菓子店を構え、完全無添加グルテンフリーのおいしいスイーツづくりや、ちょっとユニークな経営にもチャレンジしています。

振り返ると、**人生と仕事に大事なことは、すべてプリンから学びました。**

プリンという一点に集中していくつかの大ヒット商品を生み出せたわけ、「なめらかプリン」の開発での苦労とその乗り越え方、自分のお店を持つやりがいと課題、お客さまや師匠、スタッフ、かかわったすべての人たちから学んだこと。
30年以上をかけて、プリンという一つの道を愚直に、ひたすら歩み続けてきたからこそ見えてきたことを、この本でご紹介したいと思います。

どこから読んでくださっても結構です。
パラパラとめくってみて、「あ、今の自分に合っているかも」とピンときたページから読んでみてもいいかもしれません。

先が見えない、不安を感じがちな今だからこそ、
プリンの力で、あなたがもっと笑顔で幸せになることを願って。

どうぞゆっくり召し上がれ。

菓子道（プルシック）代表取締役
所 浩史

もくじ

とことん、「一点だけ」で突き抜ける

第1章

とことん、「一点だけ」に集中する

第2章

お客さまもスタッフも笑顔になる

第3章

人は人でしか幸せになれない

「人間関係」で大事なこと

第4章

人に喜ばれたら、自分もうれしい

「仕事と人生」で大事なこと

一途にプリンに捧げてきた　著者のこれまでのあゆみ

1982年～	**修業時代** 22歳のときに東京・南青山ヨックモックに入社。 その後、都内数店の洋菓子店で研鑽を積む。27歳のとき、実家の洋菓子店が閉店。店を継ぐ道が閉ざされ、一時期は北軽井沢のペンションで働いていた経験も。
1991年	**チタカ・インターナショナル・フーズ株式会社入社** パステルのほか、とんかつ知多家、ケンタッキーフライドチキンやミスタードーナツなどのＦＣ店舗も展開する東海の外食産業大手企業に入社。
1993年	**「パステルなめらかプリン」開発・商品化** 入社2年目33歳のとき、パスタに合うリーズナブルなデザートを作りたいという思いから、「なめらかプリン」を開発し、商品化。当初5年間はまったく売れず、時には「焼けていない」というクレームを受けることさえあった。 1998年、テレビの情報番組で紹介されると人気に火がつき、さまざまなメディアで紹介されることに。最大時は年間約2700万個、年商約80億円の販売量を誇る超人気商品へと成長した。 著者個人も「なめらかプリン生みの親」として、テレビ、ラジオ、新聞、雑誌で多数取り上げられ、全国レベルのパティシエとして知名度を獲得した。 チタカ・インターナショナル・フーズ(株)在籍時の2002年7月より2008年の退社までの約6年間は、取締役としてパステルデザートファクトリー本部長、パステル商品開発室長を歴任。
2008年 2月	**スイーツマジック設立** ネット専門販売の極上プリン専門店「スイーツマジック」を有志と設立。 「黒ラベル」「赤ラベル」という１個600円の高級プリンは、年間20万個以上の売上を達成し、最大3か月待ちの話題商品となる。
2009年 9月	**スイーツマジック退社**
2009年 10月	**株式会社　菓子道　設立** 自らの「菓子道魂」と「開拓者魂」に火がつき、設立。さまざまな企業のオリジナルプリン開発を手掛ける。代表作は、サガミチェーン様の「そば茶プリン」、山形清川屋様の「だだっ子プリン」、牧歌の里様の「郡上の美味しくて濃いプリン」など。また、パステルのすべてのデザート工場開発に携わった経験を生かし、品質向上のための生産性向上をモットーに、コメダ珈琲様をはじめ、モスフードサービス様など、さまざまな企業のコンサルティングにもかかわる。
2009年 12月	**ZIP－FM様とのコラボ** 名古屋のFMラジオ局「ZIP-FM」のオンラインショップ「ZIP STORE」で、受注生産の限定手作りスイーツ「TOKOROプリン」「TOKOROロール」を販売開始。（2010年末販売終了）
2010年 9月7日	**「プルシック」オープン** 念願であった岐阜の小さなお菓子屋さん「プルシック」を岐阜市琴塚にオープン。菓子職人として新たなスタートラインに立ち、今までにない新境地のお菓子屋さんに挑戦中！

第1章

とことん、「一点だけ」に集中する

「商品づくり」で大事なこと

「なめらかプリン」誕生秘話。ただのセットメニューが看板商品になった

年間2700万個も売れる大ヒット商品になったパステルの「なめらかプリン」。最初からあれほど有名になると思っていたかといわれると、決してそんなことはありません。

どちらかというと、偶然の産物。私はとても運がよかったのです。

しかしながら、その運というのも、何も努力せずに引き寄せられるものではありません。

もっとおいしく、もっと喜んでもらえるものを。

この気持ちを持ち続けて努力を怠らなかったことが、長く愛されるロングヒット商品へとつながったのだと自負しています。

あらためて、「なめらかプリン」が生まれたきっかけからお話をしましょう。

はじまりは、パスタ&デザート「パステル」で働いていた私が、上司から「何か簡単に作れて、安く提供できるセットメニューを考えてみて」と言われたことでした。

パステルはもともと「イタリアントマト」系列のフランチャイズチェーンでしたが、自社ブランドに切り替え、オリジナルメニューの開発に力を入れようとしていた時期でした。

それまでのセットメニューは、アメリカンタイプのボリュームのあるデザートがついたもので、パスタやドリンクと合わせると価格が高めになっていました。

もう少し安く提供できるデザートはないかと考え、私が着目したのが「プリン」だったのです。

「プリンのほうが日本人の口に合う」という仮説

なぜプリンだったのかというと、それまでのスイーツの流行の特徴を観察・研究していた私は、自分なりの仮説を持っていたからです。

当時は、少し前にヒットしたイタリア発のスイーツ「ティラミス」のブームが過ぎ去ったあと。

人気に火がつきかけていたのは、フランスの「クレームブリュレ」でした。なめらかな食感のプリンの表面を焦がした、見た目もオシャレなスイーツは話題になり、デザートに取り入れるレストランも増えていましたが、私は「これは長続きはしないだろうな」と直感していました。

なぜなら、クレームブリュレの味は、日本人には濃くて甘すぎると感じていたからです。インパクトがあるので、一度は食べてみたいと思うかもしれないけれど、一度きりで満足してしまうのではないかと。

日本ではもっとあっさりとした、軽い味わいのほうがウケるんじゃないかと考え、クレームブリュレのなめらかな食感を活かして、従来のプリンとクレームブリュレの中間くらいの味わいを目指して作ってみてはどうか、と発想したのです。

「なめらかプリン」はプリンがカップに入った状態で販売されていますが、食後のデザートとして始めた当初は、カップはなし。薄いカップでプリンを焼き、お皿の上に抜いてお客さまに出していました。

今とは食感が違って、やや硬めです（もちろん、従来のプリンよりは柔らかいのが特徴でした）。

そのうち、食べてくださったお客さまがセットメニューをリピートしてくださるようになり、セットメニューは大人気に。なかには、「プリンを食べたいからパスタを頼む」というお客さまも出てきて、まさに主従逆転状態に。

ならば、お土産としてプリンを持ち帰っていただけるテイクアウト方式も始めようということになりました。そこで初めて、「深めのカップでプリンを焼き、カップ付きのまま売る」というスタイルが生まれたのです。

すると、面白いことが起きました。

プリンがますます柔らかくなったのです。

お皿に抜くことを前提にした薄いプリンカップではなく、そのまま持ち帰っていただくという前提で厚みと深さのあるプリンカップに変えたところ、火の通り方が変わり、とろとろとなめらかな食感がアップしたのです。

「抜かないプリン」というのも、当時は斬新な発想でした。

カップに入ったまま、上から食べる新しいプリン。


プリンとはこういうもの、という固定観念を壊してみると、まったく新しい形が生まれ、「さらに柔らかく、なめらかになる」という付加価値が生まれたのです。

クレームにもあわてず対応

新しいものに対する拒否反応もありました。

プリンを注文して食べたお客さまから「柔らかすぎる。ちゃんと焼けていないですよ」というクレームがいくつもきたのです。

このとき、あわてて元に戻すことはしませんでした。

「びっくりさせてしまい、申し訳ございません。このプリンは、柔らかいのが特徴なんです。きちんと火は通っていますので、ご安心ください」

お客さまのところへ出向いて説明することを何度繰り返したでしょうか。**私なりに自信があったので、簡単にこだわりを曲げてはいけないという思いがありました。**

結果的に、みるみる伸びる売上の数字に、会社の経営陣は驚いたようです。

こうして、「安いセットメニューを作る」というミッションから生まれた「なめらかプリン」は、パステルの看板を代表するスター商品になっていきました。

視点を変えるヒント

「○○とは××なもの」という思い込みを疑う。

限りなくシンプルであること。
それが、ロングセラーの条件

長く愛される商品の共通項を一つ挙げるとすれば、これに尽きます。

シンプルであること。

お菓子でいえば、伊勢の名物「赤福」や鎌倉の「鳩サブレー」、札幌の「白い恋人」など。ロングセラーと呼ばれる商品はすべて、余計な装飾のないシンプルでベーシックな味です。

奇をてらわない、飽きのこない味。

おいしくて、心も体もホッとして、何度食べても疲れない味。

簡単なようで、絶妙なバランスを追求してはじめて成り立つものです。

特にお菓子は嗜好品であり必需品ではないので、「なんとなくおいしい」だけでは長く生き残れません。

食事であれば、多少味のレベルは落ちても駅前に店を出せば商売として成り立つかもしれませんが、お菓子は食事と違って「なくても生きていけるもの」なので、よほどお客さまの舌と心に響かなければロングセラーにはなりません。

甘いものでありながら、決して甘い世界ではないのです。

パステルで開発した「なめらかプリン」も、プリンというとてもシンプルなスイーツです。

飾りつけのミントの葉もない。プリンだけ。ネーミングもシンプルにこだわったので、一度で覚えてもらえます。

レシピも徹底的にシンプルを目指しました。材料は、牛乳、生クリーム、卵黄、砂糖、バニラ（バニラエッセンス）のみです。

作り方も、とにかくシンプル。

まず、卵黄と砂糖を混ぜ合わせて、バニラエッセンスも加えてよく混ぜる。牛乳と生クリームを60度に温め、卵黄・砂糖・バニラエッセンスの入った容器に3分の1くらいの分量を入れて混ぜる。さらに残りを投入してよく混ぜ、裏ごしをして、カップに入れて焼く。

焼き方は、アルミのパッドにお湯を張ってプリンカップを並べてオーブンに入れる、湯せん焼きで。これでできあがりです。

「全部教えちゃっていいんですか？」なんて驚かれますが、いいんです。**おいしいプリンは、みんなを笑顔にしますから**（それに、私は誰よりもたくさんこのプリンを作ってきましたし、世界で一番おいしく作れる自信がありますから）。

なお、今の自分のお店で出している「ＴＯＫＯＲＯプリン」は、さらに改良を重ねた、天然バニラビーンズ使用のオリジナルレシピです。

レシピの細かいグラム数を、キリがいい数字に変えてみる

シンプルを極めるうえで、一番難しかったのは「材料の分量バランス」です。

製菓のプロが扱うレシピは、なぜか数字が細かいのが常識でした。「３５２ｇ」とか「２４８ｇ」とか、１の位まで細かく決められている場合がほとんどです。

本当に、こうしないといけないのかな？

私は素直な疑問を持ちました。

数字が細かいと測るのも難しく、時間もかかります。間違いも起こりやすい。これでは量産には耐えられない。つまり、**ヒットのチャンスを逃しかねない。**

そして、決心。「キリがよく、覚えやすい分量に変えてみよう！」と思い、チャレンジしたのです。

試行錯誤の結果、ついに完成した比率が、牛乳１５００g、生クリーム１０００g、卵黄４００g、砂糖３００g。

単価が一番高い生クリームを無駄なく使い切れるように、生クリームの１パックあたりの分量を軸にして、ほかの材料のベストバランスを探った結果の黄金比率です。

実際にやってみると、十分においしくなるのだと気づきました。

「２gの差でおいしさが決まる」というのは、もしかしたら作り手の自己満足だったのかもしれません。わずかな分量の差が味に与える影響よりも、私はより効率よく、合理的に作れるシンプルさを優先したのです。

何事も、難しいと考えるよりも、「どうやったらできるか」を考え続けたら、自然と新しい発想が生まれるのではないでしょうか。

視点を変えるヒント

「できない」とあきらめるのではなく、「どうすれば実現できるか」と考える。

マーケットインより
プロダクトアウト。
どれだけ熱い思いを持って
生み出せるか

セットメニューから誕生したパステルの「なめらかプリン」ですが、最初から大ヒットしたわけではありません。

売れるまで5年。最初の2年ほどは、味の試行錯誤を繰り返していました。

当時、私は恵比寿の店舗のチーフ。転職展で面接して、たまたま空きが出たポストに就いたという経緯で、本社からは特に何も期待されていない部署でした（当時は、グループ内のとんかつ専門店のほうが稼ぎ頭だったのです）。

もちろん、**期待されていないからといっても、仕事に手を抜いていいとは思っていませんでした。**

せっかく生み出したプリンを、よりおいしく、もっとお客さまに喜んでもらえる商品に磨こうと、研究を重ねる日々。

あるとき、プリンが2層に分かれていることに気づきました。ほんのわずかな違いですが、横から見たときに微妙に色が変わっているのです。

原因を突き詰めると、乳脂肪の特性だということがわかりました。油脂は水に浮く特徴があります。プリンがゆっくりと固まるまでの間に乳脂肪が上に向かって浮くので、上の層には乳脂肪が多く含まれ、下の層には少なくなる。

結果、上のほうはコクのある味に、下にいくほどサッパリとした風味に仕上がっていました。

プリンを最初から最後まで楽しむには、ちょうどいい変化です。微妙な「味変」が、自然に出てきていたんですね。

しかしながら、これで満足していいとは私は思っていませんでした。

「ひょっとしたら、もっといいバランスがあるかもしれない。改善しよう！」

乳脂肪の浮き方は、その粒子の細かさによって決まります。粒子の細かさは、製造時の圧力によって調整可能だということは知っていました。

すぐに、生クリームと牛乳を仕入れている森永乳業の営業マンに電話をかけて相談。ありがたいことに、親身になって試作を繰り返し、生クリームと牛乳をブレンドして、最適な圧力で乳脂肪を調整した新しいパックを開発してくれました。

「そこまでやる必要があるのか?」と聞かれたら、たしかにそこまでしなくても、プリンの味そのものに文句を言う人はいなかったかもしれませんね。

でも、**それだけの思いでやっているのだと開発者本人が行動で示すことが、周りの協力を集めるためには必要**なのです。

真の大ヒットは、現場のトライ&エラーから生まれる

プリンの製造現場で手を動かしているスタッフからは、「まずくなっちゃうんじゃない?」という懐疑的な声も聞こえてきました。いつでも「変化」は、違和感や反発を伴うものです。

そこで私は、すぐさまブラインドテストを実施しました。スタッフたちに、新旧のプリンの味をラベルなしで試食してもらい、どちらがよりおいしいと感じたかを答えてもらったのです。

結果は、7対3でリニューアル後のプリンに軍配。これでみんなに納得してもら

って、導入を決めました。

これが本当にいいものなのか、作り手が心から信じて手を動かせるかどうかは、とても重要だと私は思っています。

「なめらかプリン」は、すでに世の中にある成功事例を真似たものではありません。「こんなプリンを作ったら、食べて喜んでくれる人が多いんじゃないか」という思いから生み出した完全オリジナルです。

社内のプレゼンを通しやすいのは、既存の売れ筋のデータを集めた「マーケットイン」の企画かもしれません。

でも、**真の大ヒットにつながるのは、現場のトライ&エラーから生まれたオリジナルしかない**と、私は思うのです。

そして、**粘り強いトライ&エラーを支えるのは、「これを作りたい。より良くしたい」とこだわる作り手の思い**。

その経験がノウハウとして社内に蓄積され、唯一無二の資産にもなる。

ものづくりは、純粋な思いから始まる。

私はそう確信しています。

視点を変えるヒント

データから発想するのではなく、

「こういうものを作りたい」という気持ちを大事にする。

誰が、どんな思いで作るのか。
現場に行って、
自分の目で見てみる

もう20年ほど前になるでしょうか。森永乳業さまのお誘いで、ドミニカ共和国のカカオ農園を見に行きました。

私たちがふだん、何気なく口にしているチョコレートの原料が、どういう人たちの手によって作られ、加工され、日本まで運ばれているのかを、初めてこの目で見たのです。

現地の生産者の方々はとても貧しく、農園で働く人の子どもたちは「チョコレートを食べたことも見たこともない」と口を揃えて言うのです。カカオを栽培しているのに……と衝撃を受けました。

カカオを売って得られる儲けのほとんどは中間業者に取られてしまい、せっかく上質なカカオを作っても生産者の生活が向上しないという現実を知り、私はショックを受けました。

以後、「生産にかかわる末端の人たちにも、きちんと利益が分配される仕組みをつくりたい」という意識が芽ばえ、多少価格は高めでも流通の透明性が約束されているフェアトレード・チョコレートをできるだけ仕入れるようになったのです。

やはり、**「自分の足で現地に行って、自分の目で見る」という経験は、何よりも雄弁で、行動を変えるきっかけになります。**

ほかにも、カカオの流通にかかわる現地の人たちから直接話を聞くことで見えてきた「知らなかった本当のこと」がいくつもありました。

生産国から船便で日本の工場に届くカカオの袋には、釘や石が混ざっていることがよくあります（日本のメーカーの工場を見学させていただいたときに、私も実際に見ました）。これは、重さを増やすためにわざと混入されているのだそうです。

価格が重さで決まるため、釘や石でカサ増しをする。現在のチョコレート流通で起きているリアリティを知って私が感じたのは、「やっぱり、信頼関係を結ぶことが大事だな」ということです。

顔の見えない関係の中では、誠意を育むのは難しい。現地に行って、現地の人ときちんと信頼関係を築いて、生産から出荷まで見届ける体制がなければ、どうしても「手を抜いてもいい」という甘えが生まれてしまう。

「いいものを一緒に作りましょう」と伝え、お互いに仲間として認め合うことができてこそ、そこに誠意が生まれる。

ものづくりに限らず、仕事とはきっとそういうものでしょう。「この人が作っているんだ」と相手を知り、その相手を仲間だと思えたら、「少しでも大切にしよう」と愛着が生まれるはずなんです。

結局は、そこに「人」の存在があるかどうか。

きっと相手もそうです。パティシエの私がはるばる日本から足を運んだことで、「自分が作るカカオの実が、この人の手によってお菓子になるのか」と知り、栽培への向き合い方に何らかの変化が起きたのではないかと思います。

人との関係性をつくることで、さらなるおいしさの追求も

材料の生産地に行って、人と会い、関係性をつくることが、よりおいしいお菓子

づくりに直結するのだと確信してから、私はできるだけ産地に行く機会をつくってきました。

カカオだけでも、ドミニカのほかに、エクアドル、マダガスカルと3か国。マダガスカルでは、プリンに欠かせないバニラビーンズの農園にも行かせてもらいました。

そこでも、「日本人は、見た目を気にして形がきれいなツヤのあるバニラビーンズを好むけれど、ツヤの違いで香りや味の品質に変わりはない」という話を聞きました。

むしろ、ツヤがあるということは実の中の水分が多いということで、重さが増してしまう。つまり、少ない数で高く売れる。「ツヤがいいバニラほどいい」は、売る側に都合のいい謳い文句でしかないのかもしれない、と気づかされたのです。

これも、現地に行って話を聞かなければ知り得ない情報でした。

自分の目で見て、確かめて、自分の頭で考える。

当たり前のことですが、何でもネットで簡単に情報を得られる時代だからこそ、サボりがちな行動なのかもしれません。

海外まで足を運ぶのは大変ですが、たとえ近くでも「現場に行ってみる」ことで得られる気づきは想像以上にたくさんあります。

自分が本当にこだわりたいことには、きちんと納得できる情報源を得たいものですね。

行動を変えるヒント

ネットで集めた情報に満足せず、現場に足を運んでみる。

「ワンテーマ」で勝負を続ける。真似されるくらいの技を磨く

にわかに成長を遂げている会社の中には、ほかのジャンルへの方向転換で店舗の数を伸ばしているところがあります。

たとえば、焼肉のチェーンで店舗を急速に広げて頭打ちになるや、突然、海鮮系のお店を始めたり……。何の脈絡もないジャンル変更は、私はあまり好きではありません。

焼肉と決めたら、その道のプロとして焼肉を徹底的に極めてほしい。ワンテーマを突き詰めて、勝負をしていくという心意気を見せてほしいと思います。**それを意気に感じて、一緒に働く仲間が集まり、お客さまも集まってくる**のですから。

一時のブームが去って、売上が低迷したとたんに、簡単に看板を変えるのだとしたら、それは「使い捨て」と受け取られても仕方がないのではないでしょうか。お肉を焼くための設備も、そこで働く人も、せっかく用意したのに無駄になってしまう。お金の無駄遣いであり、人の無駄遣いです。「儲からなければ店ごと売却すればいい」という経営陣の考えが透けて見えます。

洋菓子業界が、違うジャンルの食文化に安易に手を出すことにも違和感があります。

たとえば、クリスマスと春のはざまで客足が遠のきがちな2月の売上増をねらって、「恵方巻き」にちなんだロールケーキを売り出したり……。

はたして、恵方巻きの文化を本当に理解したうえでやっているのか、はなはだ疑問です。違うジャンルに手を出して中途半端なものを作るくらいなら、お店の看板商品を磨く努力をするほうが、よほど生産的ではないか、と私は思います。

どうせやるなら、真似するよりも真似されるほうに

実際、私もたくさん真似をされてきました。堂々と、「真似させてもらっています」と言われたこともありました。

それはある地方のお菓子屋さんでしたが、少しも悪びれる様子もなくニコニコと

おっしゃったのです。思わず「もっとおいしくしませんか？　よろしければ協力いたしますよ」と返してしまいました。

駿河湾の深く青い海をイメージした〝青いプリン〟の「沼津の深海プリン」は、私が手がけたご当地プリンの自信作の一つですが、これも模倣商品がたくさん登場しました。

真似されるのは人気の証なので、決して悪いことではないと思っています。しかし、**質の悪いものが出回って「その程度のものだ」と世の中に受け取られてしまうのだけは避けたい**のです。

かつてブームになったティラミスの人気がしばらくして低迷してしまったのも、ティラミスを出せば売れるといった軽い発想で、おいしくないティラミスが氾濫したことが原因だと私は見ています。

同じようなことがプリンで起きてしまってはたまりません。

前述のオーナーさんのように、直接コンタクトを取ってくれれば言いようがあるのですが、黙ってコピーをされるとなかなか話もできません。

かといって、名指しして世間にさらすのは性に合わない。ということで、フェイスブックでこんな投稿をしてみました。


「人口減少が進む日本。少しでも日本を元気にしたいという思いから、全国の観光地にプリン専門店を出す企業様の商品開発のお手伝いをさせていただいています。パステル時代に勉強させていただいたノウハウを、ものづくりに携わるうえでとても大切な気持ちの部分も一緒にして、少しでも多くの方に伝えていけたら幸せだと思っています。

また、プリンに使用する牛乳や卵は、日本中どの地域にもあるため、地産地消で現地の生産者の方にもプラスになればという思いもあります。

沼津でお手伝いさせていただいた、食べ物ではタブーと言われるブルーのジュレを乗せたプリンはご好評いただき、テレビや雑誌でも多数取り上げられ話題になっています。


その影響もあり、日本中にブルーのジュレを乗せた商品が出はじめました。もし参考にしていただけているのなら、とても光栄だと思います。ただ、その商品に作り手の思いが込められていることを望みます」

行動を変えるヒント

「今後、これで勝負したい！」と思えるテーマを洗い出してみる。

値引きはしない。
それは「本物を適正価格で売る」
という覚悟

心を込めて作ったお菓子をたくさんの人に食べてほしい。だからといって、**簡単に「値引き」をすることに私は反対です。**

値引きをすると、簡単に売れるようになります。買う立場からすれば、高いよりも安いほうがいいに決まっていますから、当然ですよね。

でも、これが本当の意味でお客さまのためになるサービスと言えるのかは疑問です。

あるとき、私がかかわったあるお菓子が、知らない間にセット割引にされていたことがありました。「期間限定のキャンペーンだから」という説明を受けました。1個300円の商品が4個セットで1000円に。単品で買うよりお得なので、セット商品は好評となり、どんどん売れました。

すると予想どおり、「好評につき延長！」とキャンペーンが延長されました。セットはますます売れて売上の数字も上がります。

こうなってくると、お客さまも値引き後の値段に慣れてくるので、いつ正規の値段に戻せるのか、判断が難しくなってきます。

そのうちセットの値段を９００円に下げ、さらに８００円に下げ……と負のスパイラルが始まってしまうのです。

値引きするくらいなら、無料で提供するほうがいい

私に言わせると、**値引きは「逃げ」であり、「麻薬」です。**

売るためにはとても簡単な手段ですが、一度手を出すとなかなか抜け出せなくなってしまう。

同じようなことがスーパーや量販店でよく見られる「ポイントアップデー」にも言えます。

お買い物をすると貯まるポイントが、５のつく日だけは5倍になる――そんなキャンペーンを始めると、「５がつく日」の集客は好調でも、それ以外の日はガラガラ……。そんな本末転倒な事態に陥ってしまうのではないでしょうか。

一時的な売上は伸びたとしても、長期的に安定した売上にはつながらないというのが私の考えです。

売上の基盤を揺るがすことと同じか、それ以上に心配するのは、「信頼の基盤」を揺るがすリスクです。

「送料無料」や「今ならもう1個ついてくる」という販売促進施策は、一見お客さま思いのサービスのようでいて、それをあまりに頻発すると「それで十分に利益が取れるってことじゃないの?」という不信の原因になりかねません。

だったら、最初からその値段で売ればいいのでは？　そんな目線を向けたくなるのが当然の消費者心理だと思います。

私は、**最初から「値引きはしない」という前提で値段を決めます。**

いい素材を長く使っていきたいから、取引する生産者の方々にとっても無理のないように原材料費を設計し、人件費をむやみに削ることもせずに、正々堂々と「正当価格」で勝負します。

値引きをするくらいなら、無料で提供するほうがいい――そのくらいの覚悟で腹を括って値段をつけているのです。

原材料の高騰などでやむを得ず価格を上げなければいけない苦渋の選択をするときには、正直に事情を説明し、頭を下げます（お店の公式サイトでいつも情報を隠さずに開示しています）。

値段のつけ方ひとつとっても、お客さまとの信頼関係を大きく左右する。

そう思っているからこそ、値段を決めるときはいつも緊張するのです。

視点を変えるヒント

一時的な売上ではなく、長期的に安定した売上を上げる方法を考える。

「選ばれる味」にトレードオフはない

２０１９年10月、「プルシック」に並ぶ商品を一斉に〝値上げ〟しました。

税込み１７００円で売っていたロールケーキを２０００円に。

シフォンケーキにたっぷりの生クリームをデコレーションした「シャンティイ」は２０００円から２５００円に。

かなり大胆な値上げだと、同業者にも驚かれます。


天然バニラビーンズの10倍以上の価格高騰や、消費税率アップのタイミングともたまたま重なりましたが、値上げの理由はそれだけではありませんでした。

言うなれば、私がパティシエとしての人生を賭けた「挑戦」に伴う値上げだったのです。


小麦アレルギーに悩む人でも食べられる、〝グルテンフリー〟のスイーツに挑みたい——。

それが、私を突き動かした想いでした。

お菓子づくりを多少経験したことがある人ならば、この挑戦が決して簡単ではないことを、すぐに想像していただけると思います。

小麦粉を使わずに、ふわふわしっとりとしたスポンジを膨らませることがいかに難しいか。

スポンジの形をした食べ物はなんとかできるかもしれませんが、「おいしさ」には絶対に妥協はしたくありません。

おいしさとグルテンフリーの両立――これに本気で挑むプロのパティシエの先陣を切りたい。

私は誰に求められたわけでもなく、いつしか使命感に燃えていました。

そう、「所さん、グルテンフリーのおいしいケーキを作ってください」と頼まれたことは一度もありません。

私の胸に刻まれていたのは、ある男の子の言葉でした。

お母さんと一緒に、私のお店に来てくれたその男の子は、とても利発で優しそうな顔つきで、ショーケースに並ぶ焼き菓子を眺めていました。

そして、ふと彼は言ったのです。

「僕のお母さんね、シフォンケーキが大好きなんだよ。僕は食べられないんだけどね」

ニコニコしながら、さりげなく口にした「僕は食べられないんだけどね」という一言をどうしても聞き逃せませんでした。

彼は小麦アレルギーで、小麦粉を使った食べ物全般を口にすることができないのだと、お母さんから教えてもらいました。

日本全国で小麦アレルギーに悩む人がどれほどいるか、正確にはわかりません。

商売の原則から言えば、たくさんの人が買ってくれる商品を売るほうが、利益が出るに決まっています。

でも私は、「彼がお母さんと一緒に食べられるシフォンケーキを作れる職人になりたい」と強く思ったのです。

おいしいスイーツを食べたときの幸福感を、一人でも多くの人に届けること。それがパティシエの役割であると思えば、挑まないという選択肢はありませんでした。

納得がいくものができるまで、既存品の販売を中止した

やると決めたら、即行動。

キッチンにさまざまな素材を取り寄せて、研究や改良・開発に没頭し、試行錯誤を続けました。

小麦粉の代わりに米粉を使うだけでは十分に膨らまず、何十回と試作を繰り返して……。

自分でも冗談ではないかと思うのですが、納得のいく味に到達するまでの2か月の間、これまで売っていたシフォンケーキを店頭に置くことをやめました。中途半

端なことをしたくなかったのです。

「置けば売れる商品なのに……」と、常連のお客さまは呆れ顔をしながらも、許してくれました。「これまででも十分満足していたのに、どうして変えちゃうの？」と首をかしげるお客さまもいました。

なかには、離れてしまったお客さまもいたと思います。スタッフにも迷惑をかけたでしょう。しかし、応援してくれる人たちは必ずいて、期待のエールが私を支えてくれました。

せっせと、さまざまなトライアルを重ねること60日。くず粉を絶妙な配分でブレンドすることで、ついに理想的な食感を実現できたときは、心の中でガッツポーズ！

小麦粉で作ったものと遜色のない、ふんわりと軽く、それでいてしっとりとした感触のあるベストバランスの〝グルテンフリーシフォンケーキ〟がついに完成したのです。

しかしながら、こだわりにはコストがつきもの。原価ベースでいうと、小麦粉が1gあたり0・2円とすると、米粉はその3倍、くず粉に至っては15倍もします。当然、従来の価格では大赤字になってしまいます。

結果、このシフォンケーキを作り続けられるだけの値上げに踏み切ったのでした。

「所さんが作った新しいシフォンケーキ、おいしいね。前よりも一段とおいしくなった」

そんな感想をいただくと、本当にうれしくなりました。

私が求めていたのは、まさにこれ。「シフォンケーキとしてはイマイチだけど、グルテンフリーだからしょうがないよね」と言わせてしまう味では意味がないと思っていました。

小麦アレルギーではない人でも食べたくなる、〝選ばれる味〟になってこそ本物。どうせ挑戦するなら、とことん極めたいのです。

でき上がったシフォンケーキを、初めてお母さんと食べたその瞬間、あの男の子はどんな表情をしただろうか。笑顔になってくれただろうか。どんな感想を言ってくれただろうか——想像するだけで、私の胸は高鳴ります。

パティシエとして、できる挑戦はまだまだある。

見上げた空は高く、その澄んだ青はどこまでも続いていました。

視点を変えるヒント

つねに、「もっと良くできるところはないか？」と探す。

第2章

お客さまもスタッフも笑顔になる

「お店の経営」で大事なこと

「何でもできる」より
「これしかできない」。
オンリーワンの
〝一点集中型〟が強い

日本の洋菓子店の数は減り続けています。

10年前には全国に約3万5000軒あった洋菓子店は、2万5000軒にまで激減。特に、地方のお店が急速に姿を消しています。

「ということは、日本人はスイーツを食べなくなったの？」と思うかもしれませんね。そうではないのです。スイーツの市場規模には変化がありません。


要は、「洋菓子店以外でスイーツを買う人」が増えているということ。洋菓子業界は、スーパーやコンビニにお客さまを取られてしまっているのです。

実際、コンビニの棚には、色とりどりの季節のスイーツが賑やかに並んでいます。どれもおいしそうです。それも年々、味のレベルが上がっています。


一方、洋菓子業界は何をしていたかというと、その専門性を磨くことを怠っていたのではないかと思います。

30年ほど前まで、街の洋菓子店は甘くておいしいお菓子が〝何でも〟置いてある場所でした。

ショートケーキ、チーズケーキ、チョコレートケーキ、シュークリーム、モンブラン、フルーツタルト。何か新しいスイーツが流行ると、すぐさま取り入れて、ショーケースに並べる。

そうやって、日本中の売れているスイーツの寄せ集めのような場所が、地域の一流店になっていたんです。

お客さまもまた、「甘いものは街の洋菓子屋さんで買うもの」と足を運んでくれていました。

ところが、時代は変わり、スーパーやコンビニでも洋菓子が買えるようになり、インターネットを通じて全国各地のおいしいものの情報がいつでも自由に手に入るようになりました。家の近くのお店で買わなくても、気軽に「お取り寄せ」もできる時代です。

すると、お客さまの行動も変わります。いつでも同じ店で買う必要はなくなり、「選ぶ自由」を楽しむようになったのです。

焼き菓子を買うならあの店、バースデーケーキはこの店で、モンブランが大好きなあの人への手土産はあっちの店にしようか……。そんなふうに店の特徴によって買い方を使い分けるのが、今の消費者です。

この変化に、洋菓子業界は気づかずにあぐらをかいていた。「いつまでもうちの店で買ってもらえる」と勘違いをしたまま、ブラッシュアップを怠ったため、しっぺ返しを受けている。

おそらく、洋菓子に限らずいろんな業界が、同じようなピンチを迎えているのではないでしょうか。

ピンチを迎えた業界が生き残る道とは？

生き残る道はあります。

何でもそこそこに揃う店からの脱却。

「あの店には、あのお菓子がある」と覚えてもらうだけの、たった一つの強みを磨くこと。

私の場合は、それがプリンでした。パステルといえば、とろりと柔らかい食感の「なめらかプリン」。あのプリンを食べたいから、パステルに行きたい。

そんなお客さまが一人でも増え、選ばれる看板商品が育つように、ひたすら特化してきたことが今につながっています。

これといった特徴がなければ消えていく。厳しい時代になったことに、経営者は早く気づかないといけません。

専門性を磨くことは、お客さまにとってわかりやすいアピールになり、かつ信頼を高めます。

「一点集中型」のほうが、お客さまの評価が上がるのです。

なぜなら、いろいろなお菓子に手を出すより、「うちはこの商品で勝負する！この味を徹底的に磨こう」と決めて集中するほうが、作り手の技術は早く上がるからです。商品のクオリティが、効率よく上がっていくわけです。

個人のスキルも「一点集中型」が強い

「一点集中型が強い」というのは、お店づくりに限らず、個人のスキルについても言えることです。

有名な製菓専門学校を出たばかりの新入社員を採用するときには、「お菓子はひととおり、何でも作れます」とアピールするタイプよりも、「スポンジ台に生クリームを均一に塗るのは、誰よりも得意です！」と一点の強みを持っているタイプのほうが仕事をまかせようという気持ちになります。

一つのことを一生懸命磨ける人なら、ほかのことでも同じように体得できるだろうと見込みも立つからです。

「何でもできます」より、「これしかできません」のほうがずっと信頼できる――

私はそう思うのです。

自分が一番価値を出せるのは何か？
「○○自慢」と胸を張って言える特技は何だろうか？

一点集中主義で自分のスキルを見つめ直してみると、次に起こすべきアクションがはっきりと見えてきます。

視点を変えるヒント

「これだけは誰にも負けない！」と思えるスキルは何か、自分を見つめ直してみる。

自分以外の人はみな、お客さま。
誠意をもって丁寧につき合う

誰に対しても、丁寧に接すること。

私がずっと守ってきた姿勢です。言葉にすれば簡単なようで、実は本当にできている人は少ないのではないでしょうか。

お客さまには愛想がいいのに、取引先にはいかにも「下請け相手」というような横柄な態度を取る――そんな人は絶対に成功しません。

私は、「自分以外」はみなお客さまだという気持ちで、誰に対しても丁寧に人間関係を育んでいこうと自分に言い聞かせてきました。

取引先の方が休日にお店に寄って、買い物をしてくれるかもしれません。気に入ってくださったら、周りにも薦めてくれて、今度はご家族やお友だちが買ってくださるかもしれません。

そう考えると、**自分の仕事にまったく関係のない人なんて、一人もいないのです。**出会う人すべてが、自分のお客さまだと考えれば、おのずと態度は変わってくるでしょう。

仕事を突き詰めれば、すべて人間関係。「人」なのです。

会社のネームバリューによって態度を変えるのも下品でナンセンスです。大きい会社が小さくなるかもしれないし、小さい会社が大きくなるかもしれない。

会社よりも、目の前にいる「人」とつき合っていることを見失わないようにしたいものです。

私のお店にお菓子の材料を納品してくれる営業マンにもよく言うんです。

「僕よりも新人を大事にしてくださいね。これから出世していくのは若い人なんだから」、と。

マンゴー加工会社と契約農園の視察のために訪問したタイでは、思いがけないことが起きました。

はじめに訪れた加工会社に到着すると、敷地内の数か所に神様が祀《まつ》られていました。この会社とおつき合いするのだから、会社が信仰する神様にお参りしたいと思い、社長にお願いしました。

するとは社長は、驚いて目を丸くしました。

「あなたのような申し出をした方はこれまで一人もいません」

これがどう伝わったのか、その後の待遇は驚くほどのVIP扱いに。契約農園視察もホテルも飛行機もレストランも……。もちろん、マンゴーの取引もうまくいきました。以後、社長が来日するたびに私のいる岐阜までわざわざ寄ってくれるのです。


伊勢の老舗、赤福さんのグループ企業である伊勢萬トレーディングさまからも特別の厚遇をいただいています。

同社が東南アジア向けに進めていたある商品開発をお手伝いしたとき、現地企業と契約を交わす段階で、先方に出した条件の一つが「売上に応じたロイヤリティを所さんにも支払うこと」。

通常ならば、一回きりの監修料の支払いで終わりという企業が多いなかで、伊勢萬トレーディングさんは小さな事業者である私にも継続的な利益が還元されるよう条件を提示したのです。

中山社長は「守られなければ契約できない」とまでおっしゃったと聞き、胸が熱くなりました。

自分は、長くつき合いたい人だと思われているか?

私のどんな行動や態度を評価してくださったのかを聞いたことはありません。

ただ、私はいつも、相手が誰であろうと目の前の方に誠意を尽くそうと考えてきました。

「長くつき合うに値する人間である」――相手にそう思ってもらえるように中身を磨くことが、結果的に自分自身を助けるのではないでしょうか。

イメージするといいのは、「もう一人の自分」の存在です。

自分の姿をちょっと離れた場所から見つめている「もう一人の自分」がいるようなつもりで。

自分の言動がつねに試されているのだと意識できれば、その一つひとつを誰に見られても恥ずかしくないものにしようと背筋が伸びるはずです。

ぜひ試してみてください。

視点を変えるヒント

「もう一人の自分」になったつもりで、自分の言動を振り返ってみる。

協力を得る努力をしなければ、人は動かない自分の店を経営する傍ら、力を入れているのが、全国各地の洋菓子店に行って技術指導をする仕事です。

人の育成をするには、自分でたくさんの人を雇って自分の店で教えればいいのかもしれませんが、60歳を過ぎて店舗をいくつも広げて雇用を維持するのはなかなか簡単ではありません。

自分の店は自分の目が届くミニマムなサイズで。店の外に出て、他社が雇った若い人たちに惜しまず技術を教えるというやり方で、後進の育成に貢献しようと決めたのです。

私がよそ者だから、若い人たちもちょっと気を緩めるところもあるのでしょう。経営者や上司に対する不満や愚痴を聞くこともあります。

そんなときは、「愚痴を言って給料をもらうのは泥棒だよ。不満があるなら、きちんと伝えて改善を願うべきだし、せっかく働くのならもっと前向きにやったほうがいい。やりたいことがここではできないのなら、辞めてほかの店に移るほうがお互いにとってもいいよ」と伝えています。

働く人たちがいきいきとお菓子づくりに励める環境をつくることが、店を伸ばすベースになるはずです。

一方で、愚痴や不満が生まれる原因は、経営者にもあります。その原因としてまず考えられるのが「コミュニケーション不足」でしょう。

たとえば、自動でプリン液をカップに入れられる充填《てん》機を導入したとします。「この機械を買ったから、明日から使うように」としか説明されないと、おそらく現場は不満を抱きます。

セッティングに時間がかかり、慣れていたフローや係分担を変更する手間もかかり、充填機の導入がすぐに売上に直結するわけでもない。結果、「手でやったほうが早いのに」「ン十万円もしたらしいよ」「え？　無駄買いじゃない？」……ネガティブな声が漏れ出て、現場の雰囲気が停滞してしまいます。

これは、完全に経営者のコミュニケーション不足です。

現場の声に耳を傾け、言葉を尽くす

〝なぜ、今、これが必要なのか〟

経営者の目線で、導入を決めた理由をきちんと説明することがとても大事。しかも、上から一方的に押しつけるのではなく、「今度、こういう機械を導入したいと思うんだけど、どう思う?」と、**まず現場の意見を聞くことからはじめる**のです。

すると、先ほど挙げたようなネガティブな意見も出てくるでしょう。そこからきちんと説明をするのです。

「そうだね。あなたたちの言うこともよくわかる。最初はすごく面倒をかけてしまうかもしれない。

でも、将来売上が増えて、お店の規模が大きくなったときには業務効率化が絶対に必要になるから、今のうちから練習をしておいてほしいんだ。納得しづらいかもしれないけれど、試してくれないか」

そんなふうに言葉を尽くせば、納得してくれる人は増えるはずです。

要は、**何のためにそれをやるのか、やることでどんなメリットが生まれるのか、〝意味とシナリオ〟を伝える努力を惜しまないこと。**

そして、誰よりも自分が先にやってみること。

リーダー自らが率先して動いて初めて、説得力が生まれるのだと思います。

これは、いろんな業界で働き方の変化が起きている今、どんな職場でも応用できることです。

ある出版関係の会社では、数年前に社長が交代したタイミングでフリーアドレス制が導入された際に、「荷物を整理しないといけないので大変」とか、「自分の席がなくなるみたいで不安になる」といった声がちらほらと聞かれたそうです。

しかし、トップはブレることなく、「今、この準備をしておくことで、災害や緊急時でも働ける体制がつくれるから」と言いながら、オフィス改革を進めたのだとか。

その数年後、全世界がパンデミックという事態に直面し、日本でも緊急事態宣言が発令。「ステイホーム」が強く推奨されて日本中の企業が大混乱するなかで、この会社はいち早く「全員出社しないリモートワーク」を開始し、スムーズに業務を継続することができたのだと聞きました。

人を動かすには、納得感を持ってもらうことが欠かせません。

どんな言葉をかけたら、目の前の人の協力を得られるのか?
想像力を働かせて、知恵を絞りたいですね。

行動を変えるヒント

何かを依頼する際には、「なぜ、それが必要なのか」から伝える。

味は人柄。
技術は心の上に成り立つもの

２０２０年の春以降、新型コロナウィルスの影響によって、お菓子に限らず飲食の業界は深刻なダメージを受けました。

しかし**同時に、「本質」をあぶり出すきっかけにもなった**と感じています。

人の優しさや温かさといった良い面。そして、ずるさや裏切りといった悪い面も。

自分も大変なのにもかかわらず、周りのためにがんばろうと走り回る人もいれば、自分のことしか考えられない人もいる。その人の本質が非常時には如実に表れるものです。

日頃から人とのつながりを大切に営業してきたお店は、お客さまに助けられて命をつないでいたように思いますし、緊急事態宣言が明けるとすぐにお客さまが戻っていました。

反対に、「とにかく安く仕入れて儲かればいい」という薄っぺらな考えだけで繁盛していたお店は、今や瀕死の状態で閑古鳥が鳴いています。

この盛衰の違いを見つめながら、私はあらためて確信しました。

最後の最後にお店を生かすのは、「人のつながり」である、と。

それは、ふだんの味にもきっと表れていたはずです。同じ材料で作る同じ料理でも、相手の顔を思い浮かべながら心を込めて作る料理と、気持ちを入れずにただ作るだけの料理では、絶対に味は変わります。

それは、ちょっとした味付けの配慮や素材の切り揃え方、器に盛りつけるときの指先に行き届かせる神経、料理を出すときの表情に、そのまま表れます。

「おいしく食べてもらいたい」と願う気持ちがあるからこそ、包丁は繊細に動くし、温度管理に厳しく目を行き届かせる。

結果、味が変わるのです。

技術の前に、心を磨く

私の名刺に印字してある「技術／心」（「心」分の「技術」）の意味にも通じます。

心が分母で、技術が分子。

つまり、**おいしいものを作るためには必ず技術が必要だけれど、そのベースには心がないと成り立たない**ということです。

技術がまだ追いつかなくて、形がいびつだけれど作り手の心がこもっているお菓子と、技術は申し分なく完璧にきれいにでき上がっているけれど心がこもっていないお菓子だったら、私は前者を選びたい。

技術はトレーニングと努力次第で誰でも磨くことはできますが、心を磨くことは簡単ではありません。

生まれ育った環境やそれまで培った経験の集大成として、心は形を成していくものです。

その意味では、コロナ後の世の中では「本物の心あるお店だけが生き残る」とも言えます。

大変でつらいことが続いてきましたが、悪いことばかりではないかもしれないなと思います。

味は人柄。
技術は心の上に成り立つもの。

この言葉を忘れないように、私も胸に刻み、人に名刺を差し出すたびに思い出しています。

行動を変えるヒント

ふだんよく見るところに、「座右の銘」となる言葉を書いておく。

「拡大しない」という成長。週3日営業の生産性改革

２０１０年にオープンした私のお店「プルシック」は、おかげさまで地元のみならず全国のお客さまに応援していただき、順調に売上を伸ばし、昨年10周年を迎えることができました。

看板商品の「ＴＯＫＯＲＯプリン」は、雑誌の「スイーツ人気ランキング」特集で1位をいただくこともあり、完全無添加グルテンフリーを目指して開発したシフォンケーキも「こんなケーキが欲しかった！」という声が寄せられ、職人冥利に尽きます。

普通なら、「もっと売るために店舗を増やそう！」とか、「営業時間を延ばしてみようか」と考えるかもしれません。

でも、私は真逆の決断をしました。

〝営業日の短縮〟という決断。

２０２１年から金曜・土曜・日曜のみの「週３日営業」に変えると決めたのです。

スタッフはもちろん、同業者からも「本気ですか？」と驚かれましたが、これは私の単なる思いつきではなく、数年前から練ってきた構想だったのです。

開始する時期はコロナの影響で予定よりも前倒しになりましたが、**私の〝成長戦略〟の一つとして「営業日数を減らす」はもともとあったプラン**でした。


お菓子業界に限らず、これまでの経済における企業の成長とは「拡大」を前提としたものでした。

従業員を増やし、店舗数を増やし、商品数を増やすことで、お客さまと売上を増やしていく。

しかしながら、これから人口が減って高齢化が進む流れの中で、今までのように拡大を前提にした成長は、実現が難しくなってくるはずです。


残業代や保険もまともにつけずに、人を長く働かせ、安く使う。それでようやく利益を出せる――そんな経営の仕方が長続きするわけがありません。

一時的に利益は上がるかもしれませんが、人を幸せにしているとは思えないのです。

働く人が幸せでなければ、
お客さまを幸せにできる商品やサービスを生み出すことなどできない。

だから、私はお菓子業界が遅れをとっていた「生産性」というテーマに積極的にチャレンジし、先頭に立って改革しようとする姿を見せていきたいのです。
口で言うは易し。まずは自分の店を使ってトライして、新しい成功モデルにするつもりです。その実践の一つが「週3日のみ営業」だったというわけです。

営業日を減らしても、売上は落ちず

「所さんの店は儲かっているから、それができるんだよ」なんて言われることもありますが、とんでもない。
商品が売れていてより稼ぎたいなら、営業日数を増やしたほうがいいに決まっています。週に4日休むということは、かなりのリスクをとっての決断なのです。

けれどあえて、私はやろうと決めました。

一番の理由は、先ほど話したように業界の生産性改革のため。**長時間労働に頼らなくても店を経営できることを証明したい**と考えたからです。

現に、営業日数を減らしたからといって売上は落ちませんでした。少ない営業日を調べてわざわざ来てくださるお客さまが増え、一人あたりの単価も上がったのです。これは本当にありがたいことでした。

大きく前へジャンプをするときには、足を踏み出す前に低くしゃがんで力をためる動作をしますよね。

それと同じで、**本当に成長したいなら、一度立ち止まることが必要になるときがある**のです。

まずは、**「本当にこれでいいのだろうか？」**と目の前の常識を疑ってみることから。

新しい正解を探す道のりは、険しくも面白い旅路である――私はそう実感しています。

視点を変えるヒント

「本当にこれでいいのか？」という問いを持って、目の前の仕事を見てみる。

技術を「教える」ことによって
「学べる」。
インプットの循環が
未来の利益になる

「プルシック」の営業日を短縮したもう一つの理由は、**私が「伝える使命」をより強く感じるようになったから**です。

大企業勤務と個人店経営の経験があり、大ヒット商品を生み出せた私のノウハウを業界に広く伝えていきたい。

自分の店のスタッフに教えるだけでは人数に限度がありますが、私が店の外に出て、求められる場所へと出向けば、伝えられる範囲はグッと広がります。

よりおいしく、世の中に喜ばれるお菓子を作れて、誇りを持って仕事を楽しめるプロフェッショナルを増やすぞ！

——これが、今の私の使命です。

たまに「ラクして儲かるからいいですね」という視線を感じるときがあるのですが、おそらくみなさんが持たれるイメージと私の実情は違うと思います。

講師としての収入は指導料になりますが、それもみなさんが思っているような大きな金額はいただいていません。

たとえば、これまで約30か所ほど監修した「ご当地プリン」はロイヤリティーをいただいていません（1か所だけ、「どうしても受け取ってほしい」と頼まれて契約したところがありますが、基本的には全部、一度きりの指導料のみで請けています）。

ロイヤリティーとは、売上などに応じて決まった割合の金額をいただくという報酬契約のことです。

この話をするとたいてい、「なぜ独自のノウハウを教えているのに、継続的な収入につながる契約をしないの？」と不思議がられます。

しかし、単純に興味がないのです。あくまで私の目的は、「おいしいスイーツの作り手を増やして、各地のみなさんに笑顔になってもらうこと」。その目的のために自分にお金が入ると、かえって気持ちが悪いのです。

むしろ**私がいただく報酬は、お金ではなく「出会い」や「学び」**だと思っています。

同じお菓子業界の中で一生懸命がんばろうとする経営者に出会い、そこで働くみなさんに対してプリンづくりを教える時間は、私自身にとっても貴重な学びの連続なのです。

「なるほど。こういうところに技術的な悩みを抱えているんだな」
「最近のお店では、こんな課題が増えているのか」
「こんな特徴のある地域では、こういうお客さんが多いようだ」

そんな気づきによって、私自身のお菓子職人としての技術がまた磨かれていくのです。

「教える」を通じて、「学べる」。

この報酬によって、私のお店のお菓子の味もブラッシュアップしていくはずです。

結果的に、将来の売上を伸ばす投資にもなっていると感じています。

外で学んできたことを、またお菓子づくりに還元する

ちなみに、営業短縮によって店の従業員の給料は下げていません。週3日営業にする前は週4日営業だったのですが、そのときから給料は変えませんでした。

「空いた4日間を使って、自分の成長につながる体験をどんどんしてきてほしい」と伝えています。

感性を磨くために旅をするのもいいでしょうし、ボランティアでほかのお菓子屋さんを手伝ってもいいでしょう。「なんなら、知り合いの店を紹介するよ」とも言っています。

スタッフがほかの店で勉強してスキルを磨いてくれるのは、経営者としてはありがたいことですから。

「そのまま、派遣先の他店にスカウトされてしまうのでは？」と心配されるかもしれませんね。

大丈夫です。それでもやっぱり、うちで働きたいと思ってもらえるように、私が努力してより魅力的な職場にすればいいのですから。

経営者もスタッフも、お店に縛られずに、外に心を開いて新鮮な学びを得て、また、おいしいお菓子づくりに還元していく。

そんなサイクルを生み出すことこそ、健全な経営のあり方なのではないでしょうか。

行動を変えるヒント

社外からも学び、得たものを社内にフィードバックする。

ヒントは
他業界の成功例にある。
「価値づくり」が
働き方を変える

新しいアイディアを生み出すには、幅広く情報を収集して「何でもヒントにしてみせよう」と吸収する意識が大切です。

私も日々、できるだけアンテナを張って、自分の仕事に生かせる部分はないかと見渡しています。

参考になるヒントは同じ業界の中にあるとは限りません。かえって、**お菓子以外の商品を扱う異業種から勉強させていただくことが多い**気がします。

たとえば、88ページでお伝えした「週3日営業（週休4日）」のアイディアは、仙台にあるスーパーマーケットがお手本でした。

毎日の食生活を支える野菜や肉・魚を売るスーパーは、「できるだけ朝早くから、できるだけ夜遅くまで営業する」スタイルが歓迎される商売です。都会には「24時間営業」をアピールするスーパーチェーンもあります。

ところが、仙台で売上を伸ばしているというこのスーパーは、金曜から日曜までの週3日しか営業しないというのです。

日曜は午後になると、割引シールを貼ってほとんど売り切ってしまう。3日間かけて店の棚を空っぽにしたら、翌月曜は全スタッフで「全館掃除」の日。空っぽになっているから、一気に掃除がしやすいんだそうです。

衛生管理をしっかりしたうえで、火曜と水曜は全員一斉に休む。体をしっかりと休めたあとに、木曜日は仕入れの日。またやってくる3日集中営業に向けて、野菜を棚に敷き詰めたり、値札を準備したりする。

非常にメリハリのきいた効率のいいサイクルだと感心しました。

また、お菓子業界でも**「あえてしっかり休む」**店舗運営を始めるところがちらほらと出てきました。

典型的なのは、〝お昼休み〟です。小売店は、朝にオープンしたら夕方まで通し営業をするのが今や常識となりましたが、この場合、従業員は交代で休憩をとることになります。早番・遅番の2交代制でシフトを組んで対応しているパターンが一般的です。

その点、お昼休みをみんなで一斉にとれば、交代制にする必要もなく、朝から夕方まで同じ顔ぶれのワンシフトでいけます。

仙台のスーパーも、週休2日にすることで、少ない人数でも十分に回していける体制になっているはずです。

「店を毎日長時間開けて、その代わりに交代で休養しよう」という体制では、シフト管理も複雑になりますが、「週5日働き、週2日はみんなで一緒に休もう」と決めることで、働く側にとっても無理が生じません。

長時間営業を維持するために、多めに人を雇用し続けないといけないプレッシャーとコストから解放されるのは、経営面でも大きなメリットになります。

「年中無休、24時間営業」はお客さまの幸せにつながっているか

「いつでも店を開けておくのが、お客さまにとってのサービスになる」という常識を、そろそろ疑うべき時期にきているような気がしてなりません。

その究極形が「コンビニ」なのかもしれませんが、コンビニエンスストアの「コンビニエンス」とは「利便性」のこと。もしかしたら、経営する側が利便性に逃げていたのではないかと私は思うのです。

つまり、利便性を追求することにプライオリティを置き、ほかの価値をないがしろにしていなかっただろうか、と振り返る必要があります。

本当に求めるべきは、もっと商品の魅力を磨いて、お客さまが心から喜ぶサービスを提供して、**「営業時間が短くても、店が開いている時間にわざわざ来たくなる」くらいの価値をつくることではなかったか**――私はそんな思いを強くしています。

特に、私たちのような小さな企業にとっては、それしか生き残る道はないと感じ

ます。きっと飲食業のみならず、サービスを提供する人すべてに言えることでしょう。

私のお店、プルシックは週3日しか営業していませんが、それでも常連の方々や評判を聞いてわざわざ来てくださる方々で店はにぎわい、私たちも健康的に働けています。

かつて毎日店を開けて、朝から晩まで休まずにお菓子を作り続けていたときよりも、おいしいお菓子を作れている自信があります。

さらに、その先の夢もあります。

いずれはキッチンカーで全国を回り、日本津々浦々のご当地プリン開発を手伝いながら、プリンを売りたいのです。

お店の営業は11月から5月までの半年間のみ。6月から10月までの半年間は、妻と一緒にキッチンカーを走らせて、日本中の人と出会い、プリンでたくさんの笑顔をつくる――これが60代を迎えた今の私の夢であり、一番苦労をかけてきた妻への恩返しなのです。

まずは、「こんな働き方ができたらいいなぁ」と自由に想像してみることが第一歩。想像できたことは、きっと実現できるはず。

そんなふうに考えると、なんだかワクワクしてきませんか？

視点を変えるヒント

働き方を見直そう。自分にとっての幸せな働き方とは？

プリンが業界を救う！
生産性改革はすぐ始められる

全国各地を回りながら、プリンづくりの極意を伝えていきたい。

私がそんな夢を描く理由には、「お菓子業界を元気にしたい」という切実な思いがあります。

すでに述べたとおり、異業種参入によって、お菓子業界は右肩下がりの危機的状況にあります。

少子化によって今後は働く人の数がさらに減っていくことを考えると、「より効率的に利益を増やす」ための知恵を備え、実践していかないといけないのです。

その知恵こそが、「プリン」。

商品を店舗で作って売る業態にとって、看板商品をいかに効率よく生産できるかは非常に重要なポイントになります。

その点、プリンは材料も少なく、レシピの工程も「混ぜて、蒸し焼きにするだけ」と至ってシンプル。人件費・材料費ともに、ケーキと比べて格段にコストを抑えられる商品ジャンル――それがプリンなのです。

シンプルに作れるお菓子はほかにもあるかもしれませんが、プリンほど老若男女に親しまれるスイーツはありません。

つまり、

レシピも工程もシンプル。かつ、たくさんのお客さまに喜んでいただける。
そんなプリンを看板商品にするだけで、
お菓子屋さんの経営を一気に上向かせるくらいのパワーがある。
同時に、世の中に笑顔も増やせる。

だから、私は自分の残された人生をかけて伝えていきたいのです。

ただ単に自分の店の売上を伸ばせばいいのなら、わざわざ自分から出向いて、長年かけて築いた技術を他人に伝えようとは思わないでしょう。

しかし、**業界全体のレベルを上げて、マーケットを広げていくことを私は目指したい。**だから、「作る人をつくる」役割に邁進したいのです。

お菓子業界を元気にするためにできること

パステルの「なめらかプリン」がヒットしたあと、何が起きたか。

1個280円という〝高級プリン〟という新ジャンルが生まれたことによって、全国の洋菓子店のプリンが売れに売れ、コンビニの100円前後のプリンも売れるようになったのです。

日本中にプリンが帰ってきた！

しかも、もっとおいしく、もっと高い値段で売れる商品となって。

そんな現象を私はこの目で見てきましたし、そのトレンドのど真ん中にいる作り手だったので、自信を持って言えるのです。

プリンには、日本のお菓子業界を元気にする力がある、と。

看板商品をブラッシュアップする改革のほかにも、生産性アップのためにできることはたくさんあります。

たとえば、厨房をこれからつくるとしたら、動線を考慮した作業のしやすい設備や道具類の配置はもちろん、食材を保管する冷蔵庫や冷凍庫をパススルー（両面扉）タイプにして、先入れ先出しが自然にできるようにする。

また、掃除のしやすい環境をつくることも大切で、できる限りシンプルに高さを揃えた直線的な設備の配置、小さな道具類は引き出しに収納することなどが重要です。実際にオープンしてみないとわからないことですが、売上予測や商品ごとの予測シェアがすべてのベースになります。

……と、まだまだお伝えしたいことはたくさんありますが、このあたりで終わりにしておきます。

これらのノウハウは、やはりパステルの拡大期に工場を9か所ほど増やしたときに見聞きした経験から得られたものです。

「もっと生産性を高めるには？」と目を凝らしてみると、できることはきっと見つかるはずです。

私ももっともっと業界を元気にするために、研究を続けていきます。

視点を変えるヒント

「生産性を上げるには？」という問いを持って、仕事を振り返ってみる。

効率を追求する先に
「本物のサービス」は生まれない

サービス業が目指すべき姿とは何なのか。

近頃、よくこんなことを考えています。

便利になるのは素晴らしいことです。しかしながら、あまりにも行きすぎた効率化の先に豊かさがあるとは思えない私は、サービス業の行く末を案じては頭を抱えることが増えました。

大手チェーンの飲食店やコンビニ、スーパーなどでは、注文や会計の場面で自動化が進み、店員とほとんど接することなく買い物や飲食ができるのが当たり前になりつつあります。

映画を観たいと思ったら事前にインターネットで席を予約し、当日に専用のマシンでチケットと引き換えればＯＫ。タクシーに乗れば、会計は全部タッチパネルで完了。

これがさらに進んでいった先には、私たちは誰とも会わず、言葉を一つも交わすことなく、すべての暮らしが完結する世の中を手に入れるのかもしれません。

しかし、それは私たちが望む未来なのか？

よく考えなければいけないのではないかと危惧しています。

効率化が進んだ背景には、アメリカのチェーンストア理論を模倣してきた歴史があります。

オペレーションの合理化を徹底することで多店舗展開を可能にするチェーンストアの手法を、日本企業も必死に学ぼうとし、そのノウハウを取り入れてきたのです。

たしかに、それによって発展拡大が可能になった部分はあります。しかし、それがすべてではないことを理解しなければいけないと私は思います。

「手をかけないサービス」は人を幸せにするのか

アメリカにおいても、「手をかけずに売上を伸ばす」店がある一方で、「手をかけてお客さまを離さない」店もあることにもっと注目すべきです。

長く愛される上質な店には、「サービス」の文化が根づいています。

そこでは、来店したお客さまを迎えるのは「来店人数と呼び出し用の名前、テーブル席を希望するかどうかを書くボード」ではありません。きちんと従業員が出迎えて、にこやかに「いらっしゃいませ」と挨拶し、人数を聞き取って、ウェイティングバーへとお通しします。

そこでお客さまがドリンクを飲んでいる間にテーブルセッティングを整えたら、奥へと案内し、メニューが運ばれてきます。

メニューには写真がなく、文字だけで料理名が並んでいますが、従業員がその日の料理の内容や特徴をすべて説明できるように教育されています。説明を通じて、お客さまと従業員の間に会話が交わされ、料理を味わう前にすでにエンターテイメントが始まっています。

これこそが、サービスの醍醐味であるはずです。

ところが、今の街中のレストランでは、「写真付きのメニューを渡して終わり」というスタイルがほとんどではないでしょうか。

それも、テーブルに設置されたタッチパネル式も増えていて、「メニューを運ぶ」というアクションすら不要になっている。

こういう環境では、料理の知識は従業員には求められません。「今日はちょっと蒸し暑いから、お客さまにこんな料理をおすすめすると喜ばれそうだな」などと想像力を発揮し、気配りができる〝接客のプロ〟はどんどん減っていくでしょう。

となると、日常生活においても、気配りができる人は減っていくのではないか。人と人との会話が減る社会になるのは、あまりにも寂しいと思います。

仕事とは、それを通して人間力を高められてこそ意味がある。

人間としての内面を磨き、勉強を深められる場が職場であると私は考えています。

利益は結果としてついてくるものであって、**私たちの幸福度が増していかなければ、技術革新も何も意味がない。**

サービス業は、人間らしい営みを磨き上げた尊い仕事です。

だからこそ、その価値をもう一度見直す時期がきているのではないでしょうか。

視点を変えるヒント

効率の追求が本当にお客さまの幸せにつながっているか、考えてみる。

品質に妥協はしたくない。
だから、あえて
「やめる」選択もする

私のお店、プルシックの公式サイトには、たびたび「お詫び」のメッセージが掲載されています。

最近では、「商品発送中止のお詫び」というものがありました。

「TOKOROプリン」の配送時に商品の崩れが発生していることが発覚し、直ちに体制を見直すことにしたのです。

柔らかで繊細な質感のプリンを崩さずに配送するための包材や梱包方法には、入念に工夫を凝らしてきたつもりでした。

しかし、あるテレビ番組のお取り寄せ特集で「TOKOROプリン」をご紹介いただいた際、無惨に崩れている状態の映像に、とてもショックを受けたのです。

たまたまそのときは悪条件が重なったのかもしれませんが、これまでご注文いただいたお客さまの中にも、少なからず不快な思いをされた方がいたに違いないと痛恨の思いでした。

作ったら終わりじゃない。

最高の状態で届けられて初めて、私たちのプリンは完成する——。

すぐさま、ＴＯＫＯＲＯプリンの配送による販売を一時休止する決断に踏み切りました。

「そこまでしなくても……」という声もありましたが、やはり私自身が許せないのです。**失敗を認め、反省して、改善する。**この当たり前の姿勢をいつでも保ち、誠実に仕事をしていきたいのです。

インターネット販売はとても好調でしたし、ましてやテレビ放映後の反響は大きく、そのチャンスをみすみす逃すような判断をする経営者はあまりいないかもしれません。

もしかしたら、「配送崩れの可能性がありますが、品質に問題はありません」の一文の注意書きですむ話なのかもしれません。

でも私のミッションは、プリンを通じて笑顔づくりに貢献すること。

どんなに儲けが出たとしても、箱を開けた瞬間に失望させてしまうような仕事

は、自分の名誉にかけてしたくないのです。

配送法の再検討と開発を重ねている間も、毎日のように「いつ再開するのですか？」というお問い合わせをいただき、たくさんのお客さまにお待ちいただいていることに申し訳ない気持ちでいっぱいでした。

ご迷惑をおかけしている分、これまで以上においしく、最高の状態で味わっていただける体制を整えようという思いがさらに強まりました。

休止から半年ほど経って、ようやく一部再開のご報告ができたときはホッとしました。安心してお届けできる体制が整うまで、改善を続けていきます。

代替品を使うくらいなら、お店を閉めたほうがいい

同じようなことが、２０１１年の東日本大震災の直後にもありました。

プルシックがオープンしてまだ間もない頃でしたが、ちょうどその年の初めに東

海テレビの「東海仕事人列伝」という番組で取り上げていただいたことがきっかけで、お店は一気に大忙しになっていました。

やはり、テレビの影響力は絶大です。自宅で放送を見て、50メートルほど離れたお店に行ってみると、すでに列ができていました。売上が一気に5倍くらいに伸び、この勢いで軌道に乗せていこうというときに起きた震災……。

岐阜の店舗に直接被害はありませんでしたが、重要な仕入れ先だった卵屋さんの所在地が栃木でした。卵屋さんのスタッフのみなさんがご無事であることは確認できたのですが、卵を配送する物流が一時壊滅状態に……。

シンプルな素材で作られるプリンにおいて、素材は重要です（そのために海外の生産地まで見に行くという話もしましたね）。吟味に吟味を重ねて選んだ卵が入荷されなくなったことは、大きな痛手でした。

急遽《きょ》、代替品で対応する選択もありましたが、それではこだわり抜いて「この卵がいい」と決めた意味がなくなってしまいます。

中長期を見据えたときに、こだわりを守り抜くことが重要だと考えました。

そして、物流が復活するまでの8日間、お店を閉めることを決めたのです。お店をオープンして半年のこれからというときの、本当に苦渋の決断でした。

お店の前に事情説明とお詫びを書いた看板を立てるだけではなく、私とスタッフが交代で店の前に立って、わざわざ来てくださったお客さまにお詫びを申し上げ、手作りのチョコレートをお渡ししました。

「おいしいプリンに欠かせない卵の入荷ができないので、お休みをしています」と頭を下げると、目を丸くする方がほとんどでした。

「がんばってくださいね。また買いに来ます」と笑顔で帰ってくださる方も多く、励まされる思いでした。

8日間の休業で売上にはダメージがありましたが、「所さんのお店は、本当にこだわる店なんだね」とイメージを持っていただけたことは、むしろこの後の支えになるはずだと確信していました。

そして今、そのとおりになったと感じています。
ありがたいことに、あの8日間に待ってくださった方々は、今でも大切なお客さまになっています。

行動を変えるヒント

まず失敗を認め、反省する。そして、改善すべき点を探す。

第3章

人は人でしか幸せになれない

「人間関係」で大事なこと

雨のひとしずくが大海になり、
また雨となる。
人との関係もすべて、
自分に返ってくる

若い人に向けて、私がよく伝えているメッセージの一つに「雨の法則」というものがあります。

ポツンと頭の上に降ってくる雨粒は、やがて川となり、海に流れ、また蒸発して雲になり、また私たちの頭の上に降り注ぎます。

雨水を汚して使えば、川は汚れ、海も汚れ、そして次に降る雨も汚れることになる。

逆に、雨水を大切にきれいに使うように心がければ、また清らかな水の恵みを得られるでしょう。

水は絶えず循環していますが、同じ雨粒が再び自分の頭に降るとは限りません。

私が使った水は、誰かの水となり、誰かが使った水が私にも巡ってくる。

自分に巡ってこなくても、自分の子どもや孫たちに巡ってくるかもしれない。

だから、**自分の行いはつねに世の中に循環し、いずれ自分や自分が大切にしている人たちに返ってくるという気持ちで、すべての事柄に向き合おう**——それが「雨の法則」です。

この考えにのっとると、「今さえよければいい」という浅はかな行動には向かなくなるはずです。

今は、人間関係も短期的な考えで、「うまくいかなければ切り捨てればいい」と考える人が増えているのが残念でなりません。

人とのかかわりこそ、時間をかけて積み重ねるというよさがあるのに、本当にもったいない。使い捨ての人づき合いで人生を過ごすなんて、あまりにも寂しいと思います。

たとえば、仕事でミスをしたと気づいたときに、上司に怒られるのが嫌だからと出社せず、そのまま行方をくらます人もいるそうです。

私は、「日本は狭いんだから、逃げてもいつかは見つかるよ。問題が起きたら正直に言ってほしい。一緒に解決策を考えられるから」と伝えています。

不満があるときも、ちゃんと言葉にして相手に伝えたほうがいいのです。

なぜ納得がいかないのか、どうしてほしいのか、自分の意見として伝えてはじめて話し合いができるのですから。

ぶつかるのは当たり前。言いたいことを言えばいい

私がある若いスタッフと大げんかしたときのエピソードをお話ししましょう。

もう大昔、パステル時代のことです。会議で私が発言したあとに、殴りかかろうとしてきた部下がいました。

やや短気なところがある男で、私が提案した方針に不満を抱いているようでした。両側から押さえ込まれて、私の頬に拳が飛んでくることはなかったのですが、「殴りたかったら殴れ」と私は言いました。

すると、彼はその場で私に対する不満を一気に述べました。「現場は大変なんだ！何もわかっていない」と憤《いきどお》る姿を見て、彼は彼なりに会社や仲間のことを思い、現場の意見を代表するような気持ちで私にぶつかってきているのだと理解しました。

「よし、今日はみんなで飲みにいこう！」

会議の後で私が提案すると、みな目を丸くしていました。

「お前も来るよな」と、私に殴りかかろうとした張本人ももちろん誘って。

飲みながら、腹を割っていろんな話をしました。

そして、その日のうちにすっかり本音を出し合って、お互いの意見を理解できるまでになりました。

「あの二人、なんで仲良くなっているの？」と、ほかのメンバーは不思議そうな顔をしていましたね。


思いがある仲間とは、ぶつかるのは当たり前。

なぜなら、顔が一人ひとり違うように、考え方も違うのだから。

恐れずにぶつかり合って、言いたいことを言い合うのが大事。

すると、よりいっそう深く理解し合える仲間になります。


もう20年ほど前の出来事ですが、今でも彼とはつき合いが続いているんです。

まさに、「雨降って地固まる」とはこういうことなのではないかと思っています。
この章では、そんな「人とのつながり」の大切さについて、エピソードを中心にお話ししていきます。

行動を変えるヒント

相手に対して不満があるなら、それを言葉にして伝えてみる。

地元・岐阜に店を
出したのは恩返しのため。
同級生のあったかさに感謝

50歳になる直前で、遅咲きの独立。そして、その場所として選んだのは、生まれ育った故郷・岐阜でした。

上京して30年以上経ち、東京で仕事をしてきて東京で成功したのだから、東京で店を出したほうが簡単だったかもしれません。

店を出すのに十分なネットワークもありましたし、きっと繁盛しやすい場所も紹介してもらえたと思います。

けれど、やっぱり店を出すなら地元で、と決めていました。

理由は、シンプルに岐阜が好きだから。私を育ててくれたこの土地に恩返しをしたかったから。

父の店が傾き、生活が一気に苦しくなったときに、精神的に支えてくれたのは小中高時代の友人たちでした。

なかでも長くつき合いが続いた友人の一人は地元の化粧品屋さんの息子で、大学生の頃にも一緒にスキーに行ったりと、青春をともにした仲です。

彼とは〝切っても切れない縁〟。なぜなら、こんな思い出があるからです。

私がヨックモックで修業をしていた頃、資生堂に修業に来ていた彼から連絡がありました。

久しぶりに会ってみると、「上京するときに別れた彼女と、よりを戻して結婚したいんだ」と思い詰めた表情で言うではありませんか。スキーに一緒に行ったとき、彼の隣で笑っていた彼女のことでした。

「彼女、きっとまだお前のことが好きで、一人でいるよ」

私はいてもたってもいられなくなって、その場で勝手に彼女の自宅に電話をかけたのです（まだ携帯電話がない時代です）。彼女が電話に出ると、受話器を彼に渡し、

「ほら、ちゃんと言えよ」と促しました。

「クリスマスに岐阜に帰るから、会わないか？」

再会は果たされ、そして、二人はめでたく結婚したのです。

それから何年か経ったあとに、私の父の店がもうダメだというとき、化粧品店を

継いだ彼が電話をかけてきました。

「俺の家を売って金に換える。その金を渡すから、なんとかしてくれ」

それはやめてくれよ、と断りましたが、そこまで言ってくれたことがうれしく、心の支えになりました。

彼がどこまで本気だったかはわかりませんが、私はそんな優しい友人がいるこの土地に何かを返していきたい、という気持ちが年々募るようになったのです。

東京で稼いで、東京で名を上げる。それだけが幸せの道ではありません。

自分が最も幸せを感じ、人と豊かな関係を重ねられる場所はどこなのだろうかと、一度ゆっくり考えてみるのもいいと思います。

人とのつながりが、新たなつながりを呼んでいく

「岐阜に戻って店を出すことにした」と連絡すると、多くの友人が喜んでくれました。

２０１０年、「プルシック」をオープンしたその日の光景は感動的でした。

小中高時代の同級生たちが集まってくれて、店の前の交通整理を手伝ってくれたのです。なかには、自分のお店を休んでまで手伝いに来てくれた友人も。

とてもよく晴れて気温が上がり、暑い日でした。汗だくになりながらも駐車場の案内をしてくれている仲間たちの心意気に、私は「やっぱりここにしてよかった」と、決断が間違っていなかったことを確信していました。

その後も事あるごとに、私の店にお菓子を買いに来てくれるのがうれしいですね。

私もまた地元の知人・友人を応援していこうという思いを強くしましたし、積極的に紹介してもらうようになりました。

今では、岐阜市内の主要な飲食店の店主とはほとんど顔見知りになっています。

人とのつながりを深めて、また新たなつながりが広がっていく。

そんな人生の醍醐味を味わっています。

視点を変えるヒント

自分が最も幸せを感じながら働ける場所はどこか、考えてみる。

人情と青春と、
若き日々を過ごした友に
プリンを贈る喜び

ヨックモックで修業していた頃に住んでいたのは、東京の「代々木上原」という街でした。

今でこそ駅はきれいに整備され、おしゃれなショップが集まる高級住宅街として知られていますが、当時はなーんにもない街。家賃も今とは比べものにならないほど安かったんです。

新宿に近いこともあって、お金はなくても夢見る若者が集まっていて、私もそのうちの一人でした。もう30年以上も前の話です。


私が住んでいたアパートの名前は「春秋荘」。風呂なしの6畳一間で、電話や台所も共同。

隣の住人はぬいぐるみデザイナーで、玄関からのぞくと巨大なコロッケ型のぬいぐるみが部屋を占領していて。CMで使われたものらしいです。下の住人は演歌歌手の卵で、薄い天井や壁を通して、よく歌声が聞こえてきました。


入浴はいつも近所の銭湯で。途中の道に、赤ちょうちんの店（居酒屋）があって、

「秋刀魚を焼いといて」と頼んでおいて、銭湯の帰りに寄って飲んで帰るのがいつものコース。店の名前は「みねたけ」でしたっけ。

たまたま同い年の常連がいて仲良くなり、私が銭湯に行かずに家にいるとアパートの共同電話が鳴って、「早く来いよ」と呼び出しがかかる――あの時代ならではの若者どうしの交流がありました。

友人のおかげで、つらい修業時代を乗り越えられた

初めての東京暮らしを支えてくれた大切な友人もいました。

高校時代からの親友の彼は、大学4年までは家業を継ぐ予定でしたが、急遽《きょ》、就職することになり、あわてて就職活動をして大手スーパーに入社。名古屋のお店に勤務していました。

ある日彼から連絡があり、会社を辞めて東京に行きたい、しばらく泊めてほしいと言ってきました。それから数か月の同居生活が始まりました。彼は仕事もないため、私と一緒に起き私を駅まで見送ると、代々木公園を毎日走っていました。彼な

りにいろいろ悩んでいたのだと思います。

それから劇団に入り、初めて役をもらったと聞き、花束を持って最前列で見ていましたが、彼の役はカラス、セリフは「カーカー」だけ。うれしいやら、笑えるやら。

ただ、彼が同居してくれたおかげで、お互いに悩みを相談し合い、私が一番つらい修業時期を乗り越えられたと感謝しています。

飲み仲間のうちの一人は、トシちゃん（田原俊彦さん）のバックダンサーをやっているとかで、彼女はファッション誌『ViVi』でモデルをやっているんだと自慢していました。

彼は今、芸能事務所の社長としてがんばっていて、今でも交流があります。

交流といっても、お互いに忙しくしているので、若い頃のようなべったりとしたつき合いはできません。

友情をつないでくれるのも「プリン」。

久しぶりに連絡をとる口実に、「自信作のプリンを贈るよ」とサプライズができるのもうれしいこと。

「いずれは自分のお菓子屋をやるんだ」と夢を語っていた、あの頃の自分に贈るような気持ちになれるのです。

行動を変えるヒント

疎遠になってしまっている大事な人のことを思い出してみる。

プリンが誰かの人生を
変えるかもしれない。
だから、私は作り続ける

私がプリンづくりをやめられない理由。それは、**心を込めて作ったプリンが、誰かの人生を大きく変える可能性を秘めている**と信じているからです。

なぜ信じられるかというと、私自身もその人生を彩るシーンにささやかながら花を添える役割を担った経験があるからです。

まず紹介したいのが、プリンがつないだ縁結び。丸山さんのお話です。

丸山さんは化粧品会社の営業マン。ある日、仕事のために東京から福島へ向かう長距離バスに乗り込みました。

たまたま隣の席に座っていたのは、東京から故郷・福島へ里帰りする若い女性。膝の上には、見慣れたブルーの箱が乗っていました。

ブルーの箱といえば……「パステルのなめらかプリンだな」、丸山さんはすぐにピンときました。

「あれ、おいしいんだよなぁ。そうか、この女の子はきっと久しぶりに会うご両親のために、おいしいプリンを買っていくのか」

そんなことを想像しているうちに、バスが出発しました。

しばらく進んで高速道路の緩やかなカーブを曲がったときのことです。女性の膝の上にあったブルーの箱がスルスルスル……。丸山さんの膝の上に滑ってきたのです。

プリンが崩れては大変と、思わず手を伸ばし、受け止めた丸山さん。同時に受け止めてしまったのは彼女のハートだったという話。

なんて、ちょっと色をつけてしまいましたが、「ここのプリン、おいしいですよね。僕も大好きなんです」「あら、そうなんですか。そうそう、私も大好きで！」という会話がきっかけで二人が恋仲に発展したというのは本当で、やがて結婚することになりました。

プリンが取り持った、ご夫婦との縁

なぜそんな立ち入った話を私が知っているのかというと、ご本人からメールをいただいて、この経緯を教えていただいたからです。

メールには、さらにこんな〝お願い〟が書かれていました。

「というわけで、僕たちは所さんのプリンのおかげで、めでたく結婚することになりました。つきましては、ぜひ僕たちの結婚式に出てください」

驚きましたが、光栄なことだと思っていると、さらにこんなリクエストが。

「ご出席いただける際、可能でしたら大きなプリンを作って会場に持ってきてくださいませんか」

大きなプリン⁉　しかし、読み進めるうちに納得。新郎新婦は披露宴での催しの定番を、「ケーキ入刀」ならぬ「プリン入刀」として演出したいと考えていたのです。

もちろん、お引き受けしました。直径50センチほどの円形の陶器を探して、大きな大きなプリンを焼いて当日に持ち込み。私が「縁結びのお菓子職人」として登場して、特製プリンを披露。

「プリン入刀！」の掛け声とともに、二人はスプーンでプリンをすくい、お互いに食べさせる。そんな甘～い演出に、会場も大盛り上がり。

披露宴で流れた新郎新婦の紹介ムービーに映る映像も見事にプリンだらけで、スピーチを頼まれた私は「もしも、ご夫婦にとって苦しい時期が訪れたら、プリンを食べて乗り越えてください」と話しました。

あれから20年以上が経ちますが、丸山さんご夫妻とは今でも交流があり、年賀状を交換する関係が続いています。

結婚記念日には、パステルで食事をするのがお決まりだそうで、本当にプリン職人冥利に尽きます。

まさか、ここまでの存在になれるとは……。私にとっても忘れられない出来事ですし、ここまでの話は世の中になかなかないものかもしれません。

しかし、**「これを食べた人の人生を変えるかもしれない」と、その可能性を感じながら、目の前のプリンづくりに向き合えるかどうか。**

そんな姿勢を持つことが大切なのだと思います。

視点を変えるヒント

自分の仕事が誰かを幸せにする。そんな可能性、影響力を想像してみる。

「人生で最後のプリン」。その笑顔にかかわれた幸せ

自分の手がけた仕事が、誰かの人生を祝福する門出に立ち会うだけでなく、悲しいお別れに立ち会うこともあります。

悲しみや痛みを、少しでも和らげる存在になれたら。そんな気持ちで私はプリンを作ってきました。

「羽田空港の構内で、パステルのなめらかプリンは買えますか？」

電話でそんな問い合わせをしてくださったのは、東京で暮らす女性でした。がんを患い、四国で療養中のお父さまをお見舞いに行く際に、お父さまの好物であるプリンを買っていきたいというご要望でした。

幸い、羽田空港にはパステルの店舗があったのでご案内し、無事にプリンを買うことができたと、後日わざわざお手紙をいただきました。

お手紙には、こう綴られていました。

「末期がんが進行し、父はほとんど何も食べられなくなっていました。それでも、『なめらかプリン』だけは喉を通り、食べることができました。『おいしい』ととてもうれしそうに、食べてくれました。それが父の最後の笑顔になりました。ありがとうございました」

噛まずに飲み込めて、かつ滋養もあるプリンは、病と闘う人にとって「最後の食の楽しみ」となるケースが少なからずあるようです。

岐阜にプルシックを構えてからも、近くの病院からわざわざお礼を伝えに来てくださる方が何人もいたのです。

なかには、「今日、明日までの命かと医師からは言われていたのに、1週間生き延びました」とおっしゃった方もいました。

やはり、口から食べ物を入れて消化することが体に与えるパワーというのは、私たちの想像以上のものなのかもしれません。

新幹線の駅のホームで手渡しできたプリン

また、ある地方にお住まいの男性からいただいたご相談も切実でした。

「病気の妻にプリンを食べさせたいのだけれど、近くにお店がない。どうしても食べさせたいから、受け取れる方法はないでしょうか？」

たしかに、ご夫婦がお住まいのエリアには、パステルの店舗がなく、崩れるリスクもあるので配送も難しかったのです。

私たちは知恵を絞り、ある〝作戦〟に出ました。

ちょうど予定されていた九州での催事に合わせて連絡を取り、「催事で販売する分のプリンをお分けします。新幹線が停車したときにホームで受け渡しますので、○月○日○時○分頃に、○○駅のホームで待っていてください。○号車に乗ります」

とお伝えしたのです。

作戦は見事、成功！

無事にプリンをお渡しでき、事前にお伝えしていた代金をホームで受け取って会計も終了。

プリンの箱を手にした紳士が「ありがとうございます。妻が喜びます」と涙を流さんばかりに喜んでくださったと聞き、私も胸が熱くなりました。

そこまでするのか、と思われるかもしれません。

たしかに、すべてのご要望にお応えすることは不可能でしょう。

私が大事にしたいのは、シンプルに「一つひとつの仕事に心を込める」という誠意です。

毎日500個のプリンを作っていたとして、1個のプリンが「500分の1」になってはいけない。

お客さまにとっては、1個がすべてであり、「1分の1」なのです。

手を抜くことなど、どうしてできるでしょうか。

視点を変えるヒント

お客さまにとっては一期一会。
商品のクオリティに胸を張れるか、自問する。

出会った人から
何を吸収するか。
学び多き「師の教え」

人生を磨き、深めるのは出会い。**出会った人から何を学び、何を吸収し、活かし続けるかによって、成長の度合いは変わってくる**ものだと思います。

私が師と仰ぐ方は何人もいますが、リーダーとしての姿勢を教えてくださったのは、吉野家ホールディングスの社長、会長を歴任した安部修仁さんです。

ミュージシャンを目指して九州から上京し、アルバイトとして吉野家で働いたことを出発点に、叩き上げでトップに昇りつめ、いいときも悪いときも逃げずに組織を率いてきた安部さんの言葉には重みがあります（社長在任中には、米国産牛肉の輸入がストップするBSE問題にも直面しています）。

それでいて、決して偉ぶることはなく、屈託のない笑顔でおつき合いをしてくださる。パステル時代にチタカの人事本部長からご縁を頂き、たくさんの教訓を授けてくださいました。

安部さんから教わったことの中で、特に強く胸に刻まれているのは「成功する3つのポイント」——**努力すること、協力を得ること、神のご加護**、という教えです。

いわく、**成功するには、まず自ら努力することが欠かせない。**

かつ、周りの協力も集めないといけないが、「協力させる」という気持ちではうまくいかない。

なぜそれをやってほしいのか、真意を相手に理解してもらい、納得して行動してもらわないと、ものごとはうまくいかない。

「協力を得る」ためには、どう伝えるべきかを真剣に考えないといけない。

では、**協力を得る近道は何かというと、やはり自ら率先して動き、努力すること**である。

3つめの「神のご加護」に関しては、安部さんはくわしく説明はされなかったのですが、私はこのように理解しています。

どんなに努力しても、どんなに協力を得られても、成功するかどうかは最後までわからない。成功しないことだってある。

だから、「こんなに努力したのに」「こんなに協力してもらったのに」と悔やむことはない。

くよくよ落ち込む暇があったら、前を向いていきなさい。

「学びの力」を身につけるために

安部さんは**「勝者が歴史をつくる」**という言葉も繰り返しおっしゃっていました。

「世の中の常識をつくっていくのは勝者だ。だからこそ、正しい人物が勝っていかないといけないない」のだと。自分の信念を貫く行動の意味を教えていただきました。

人生は、学び多き出会いにあふれています。

私は毎日成長し続けていたいから、スポンジのように学びを吸収できる感性を保ちたいと願っています。

同じとき、同じ人に出会っても、一しか学べない人もいれば、百学べる人もいます。

「学びの力」というのでしょうか。**少しでも吸収して自分を成長させていけるように、意識を持ち続けるための習慣として続けているのが「10年日記」です。**

同じ日付で10年分の記入欄がある連用日記で、ほんの数行、その日に得た気づきや学びを書くだけのシンプルな記録ですが、「3年前はこんなことを考えていたんだな」と振り返るきっかけになっています。

自分の成長を確認する機会にもなるので、おすすめです。

行動を変えるヒント

毎日、その日に感じたこと、気づいたことを書き留める習慣を持つ。

長年の確執が解け、涙の再会。
会社を去った部下へ
送り続けたプリン

人の笑顔をつくれる仕事が、人生を変える。

あらためて確信できた出来事をお話ししたいと思います。

パステル時代、「なめらかプリン」の大ヒットで新工場の立ち上げラッシュだった頃。ある地域の工場長にと私が抜擢《ばってき》したのは、異業種から転職してきたばかりのAくんでした。

お菓子の分野は未経験でしたが、とても前向きで勉強熱心な様子に、「きっと彼ならやってくれる」と期待をして工場長の役割をまかせたのです。

ところが、真面目な彼は必要以上にプレッシャーを感じてしまったようです。メンタル面に不調をきたし、大変残念なことに退社してしまいました。

退社後は福島にあった奥さんの実家に身を寄せて、療養していたそうです。その間、年に数回、彼から手紙が届きました。

手紙の内容は私に対する恨みです。「僕がこんなことになってしまったのは、あなたのせいだ」というような、読むだけで胸が押しつぶされてしまいそうなことがいつも書かれていました。

私がパステルを辞める頃まで、手紙はずっと送られてきました。

Aくんを変えた、ある提案

2011年3月、私が「プルシック」を開店した翌年に東日本大震災が起きました。

すぐに福島にいるAくんの顔が浮かびました。連絡をして無事を確認したあと、私は彼にある〝頼みごと〟をしました。

「これからプリンを送るから、近くの避難所に配ってくれないか」

当時、プルシックは火曜と水曜日が定休日。月曜に多めにプリンを作って、余剰分のプリンを無償で被災地に送り、彼に配ってもらうことにしたのです。毎週月曜日に、数百個単位で送っていました。

なぜ、そんなことをしたのか。私は彼に「笑顔の力」を感じてほしかったからです。かつて私が「カエル」のマジパン（187ページ参照）で知った、**人を笑顔にする仕事の尊さを感じてほしかった。**

避難所で配られる食料は、おにぎりや乾いたパンがメインです。そこに1週間に1回、おいしいプリンが届いたら、きっと喜んでもらえるはずだと私は考えました。そして、笑顔をつくるプリンを渡す役目を、Aくんに担ってもらいたかったのです。

Aくんは、笑顔のパワーをすぐに感じ取ってくれたようでした。そのうち、自分で材料を買ってプリンを作り、避難所に届けるようになったのです。

「子どもたちをもっと喜ばせるために、何かできることはないでしょうか？」と、私に聞いてきました。

「それならば、チョコレートをたくさん送るから、チョコレートフォンデュを楽しむ時間をつくってみたら」と私は提案し、またどっさりと送りました。

彼の活動は地元の新聞にも取り上げられ、ほどなくして「就職が決まりました」と手紙が届きました。

さらに、「プルシックに行きますので、会ってください」と。

恨まれていた期間が長かったので、正直少し怖い気持ちもありましたが、Aくんの訪問を待ちました。

再会の瞬間、Aくんは私の顔を見るや涙を流し、私も彼を抱きしめました。何も言葉は要りませんでした。

彼は再就職した会社から初めて受け取ったボーナスを、岐阜までの旅費に使い、私に会いに来てくれたのです。

初めて会った面接のときに直感した彼の誠実さを再び感じられた、忘れられない時間となりました。

今は違う業界でイキイキと働いているAくんは、私の大切な友人となりました。

行動を変えるヒント

後輩や部下に対して、日頃どのようなコミュニケーションをとっているか、思い返してみる。

今年もあの子たちに届けよう。
約束のクリスマスケーキに
希望を託す

クリスマスは、お菓子の業界にとってお祭りのような一大イベント。一年で一番ケーキが売れる繁忙期であり、私のお店も大忙しになります。

予約してくださったお客さまのために焼くケーキとは別にもう一つ、私にとって特別なクリスマスケーキがあります。

8年ほど前から毎年欠かさず、山間のある小学校に出向いて、クリスマスケーキを届けているのです。

その学校には、さまざまな事情で親や親戚と離れて暮らしている子どもたちが通っています。1年生から6年生まで、合わせて30人ほどの小さな学校ですが、街のにぎわいを避けるように、ひっそりと山奥に建っています。

学校のすぐ近くには寮があり、家庭内暴力で傷ついていたり、障がいがあったりと、複雑な事情を抱えている子どもたちが共同生活を送っています。

世間一般にはほとんど知られていない学校だと思います。私が知ったきっかけは、そこに子どもを通わせているお母さんがたまたま私のお店に見えたからです。

「うちの娘が通っている学校が実はこういう学校で。愛情に飢えている子どもたちばかりなんです。

よかったら、所さん、プリン教室をやってもらえませんか?」

そんなご相談をいただいて、もちろん引き受けました。

未来ある子どもたちに、希望を伝えたい

初めて訪問したとき、「たしかに、この子たちは愛情に飢えているんだな」と感じました。私に会うなり手をつなごうとする子、一度握った手を離そうとしない子……。

この子たちのために、何かしたいと強く感じました。

帰り際、障がいがあるという1年生の男の子が私に近寄ってきて、「来年もまた来てね」と一生懸命に伝えてくれました。

「わかった。必ず来るよ。今度は、でっかいクリスマスケーキを持ってくるから楽しみにしていて！」

以来、私はクリスマスケーキの約束を果たし続けているのです。子どもたちはとっても喜んでくれて、みんなで育てた大根を「感謝のしるしに」と私にプレゼントしてくれました。

団子屋の知り合いに声をかけて、車に焼き台を積んで「即席団子屋さん」をやってもらったこともあります。とびきりおいしい生ハム職人を連れていったこともありました。ふだんはめったに外出できない子どもたちは、生ハムを削るところを初めて見て大興奮していました。

昨年はコロナの影響で訪問できませんでしたが、プリンとシフォンケーキを送りました。

甘くておいしいスイーツを食べているときに、しかめっつらをする人はいません。聖なるクリスマスに、子どもたちが笑顔になれるひとときをつくれたら、こんなにうれしいことはないのです。

最初に訪問したときに出会った1年生の男の子は、もう中学生になりました。中学校までは義務教育ですが、その後の進路はバラバラに分かれていきます。

この子たちは将来、どんな人生を歩むのだろうかと気になって、学校の方に聞きました。

すると、経済的な事情で大学まで進学できる子は少なく、身寄りがないために住み込みの仕事を選ばざるを得ず、転職を重ねるケースが多いという話でした。卒業生の8割は所在不明になるという事実を聞き、私はショックを受けました。

「将来、パティシエを目指したいと思うようなことがあれば、いつでも私の店に来なさい」

子どもたちを前に、思わずそんな言葉が出ていました。

中途半端にかかわろうとするのは無責任だぞ、という心の声が聞こえてきました。しかしながら、**やはり私は未来ある子どもたちに希望を伝えたいのです。**

クリスマスケーキをほおばる子どもたちの笑顔が、私の希望にもなっています。

視点を変えるヒント

次の世代に残したいものは何か、
それを残すにはどうすればいいか考える。

第4章

人に喜ばれたら、自分もうれしい

「仕事と人生」で大事なこと

打たれて感謝せよ。
剣道が教えてくれたこと

本章では、プリンづくりが私に教えてくれた「仕事と人生で大事なこと」を、時系列を追ってお伝えしていきます。

まず最初に、幼少期まで時間を巻き戻して、私の生き方の幹をつくった経験として「剣道」の話からさせてください。

もともと体が頑丈ではなかった私を、少しでも強くしようと両親が考えたのがきっかけで、小学3年生から始めました。

最初は厳しい練習が嫌で嫌で、泣きじゃくりながら通っていたのを覚えています。

半ば強制的に引っ張って連れていかれていたのですが、1年後にはなんと県大会で3位の成績に。

自分でもびっくりしましたが、周りから「まぐれだろう」と本気にされなかったのが悔しくて、一生懸命練習して6年生の大会では優勝することができました。

これは、私にとって大きな成功体験になりました。

努力によって結果を出せたことで、「自分には剣道がある」と自信をつけることができたのです。

一つの分野に自信を持てると、ほかの分野にも挑戦しようという気持ちになれます。「もし失敗しても、自分には剣道があるから」と気持ちにゆとりを持てるのです。

努力をして得意になり、得意になれば好きになり、好きになればもっと努力できる——そんな循環が上達につながることも、実体験として理解できました。

そして、この循環を始めるスタート地点には、時には本人の意志ではない強制力が必要になることも。私自身、両親から強制されなければ剣道とは出合わなかったはずでした。

「感謝の心」の原点は、剣道だった

剣道の世界からも、多くを学びました。

まず、**ありとあらゆるものへ感謝する心。**道場に入る前には必ず一礼をし、つねに相手にも敬意を払うのが剣道の流儀です。

「打たれて感謝」という考え方も、私の人生を貫く指針となりました。すなわち、竹刀で打たれたときには「自分の欠点を教えていただいた」と感謝をする。成長に必要な気づきを与えてもらったと考える。

「残心」とは、自分が攻撃した直後が一番油断しやすいので心を残す、という教えです。

私は剣道の用語として覚えていたのですが、ある洋菓子店の店内に「残心」と書かれてあるのを見かけました。

どういう意味なのかと尋ねたら、「お客さまが帰ったあと、その後ろ姿にも感謝の気持ちを持って見送りましょう、という意味です」と教えてもらいました。なるほど、と深く共感できました。

また、剣道では「間合い」を非常に大切にします。

一歩踏み込めば相手を攻撃でき、一歩下がれば相手の攻撃をかわせる距離を「一足一刀の間合い」と言いますが、こういった絶妙な距離の取り方が人間関係においても重要だと感じています。

思いきり近くに寄り添って抱きしめてあげなければいけないときもあれば、何も言わずにそっと遠くから見守ったほうがいいときもある。**つねに、相手と自分にとって最適な間合いをはかる意識を持ちたい**と思っています。

このように、剣道で教わったことを自分なりに解釈し、人生のさまざまな場面で生かしています。

行動を変えるヒント

つねに、相手との間の最適な「間合い」を意識する。

お菓子づくりの基礎は、華やかな世界を支える地下の厨房で学んだ

私がお菓子の世界に足を踏み入れた理由は、岐阜で生まれ育った家がお菓子屋を営んでいたからです。

父と母は私が生まれた頃に、知り合いから20万円を借りてオーブンを買い、シュークリームを作って小売店に卸す仕事から始めたそうです。

最初は店舗を持たずに、作って売るだけ。母は私をおんぶしながら、焼き上がったシューにクリームを詰めたりしていたそうです。

2階建ての家の1階がシュークリーム専用の工房でしたが、そのうちショーケースを出して販売もするようになり、徐々にシュークリーム以外のケーキも売りはじめ、私が20歳になる頃には岐阜市内に3店舗を経営するまでになっていました。

そんな環境で育ちましたから、家の中はいつもお菓子の甘い香りが漂っていて、余ったカスタードクリームを分けてもらってペロリとなめるのがオヤツ代わり。

物心ついた頃には、「将来はお菓子屋さんになるんだ」と思っていましたし、父親からもそう言われて育ちました。

「大学は出ておきなさい」という父の勧めで、名古屋の大学へ進学。経営学部に入りましたが、学生時代は真面目に勉強せずに遊んでばかりでしたね。

そして、修業のために父からの紹介で東京の南青山にある洋菓子の名店「ヨックモック」に就職しました。

ヨックモックといえば、薄く伸ばしたクッキー地を葉巻のようにくるりと巻いて焼いたお菓子「シガール」。この看板商品の大ヒットによって、南青山にある本店のブティックカフェも繁盛していました。

瀟洒《しょうしゃ》な青いタイル張りの壁がおしゃれなカフェには、そこでしか食べられないケーキがあって、それは地下の厨房で作られていました。私はその厨房で働く一員として就職したのです。

「シェフは神である」

色とりどりに美しく飾られたケーキを売るブティックと、地下にある厨房は別世界。天井が低くて窓もなく、息が詰まりそうな空間でした。

もう何十年も昔のことで今はあり得ないことですが、当時は飲食業界の指導でも怒鳴るのは当たり前。ともすると、物が飛んでくるのも日常茶飯事でした。

強烈に覚えているのは、入口にあった「シェフは神である」と書かれた貼り紙です。

シェフがつまみ食いをしているように見えるのは、味見をしているということだ。

シェフがサボっているように見えるのは、休憩をしているということだ。

シェフが新聞を読んでいるのは、情報収集をしているということだ……。

そんな文言がずらりと並び、最後には「だから、シェフがたとえ間違ったことを言ったとしても思い出しなさい。シェフは神である」と結ばれていました。

その貼り紙を初日に目にしただけで、「とんでもない世界に足を踏み入れてしまった……」と緊張した22歳の私。実際にシェフは怖くて厳しく、隣に立たれるだけで手が震えました。

入って半年ほどは、洗い物といちごのヘタ取りしかさせてもらえません。一緒に入った同期も一人いましたが、彼は製菓学校を出て就職してきたので私よりも2歳下。一方、私は大学では何もお菓子のことを学んできていないので、専門用語もさっぱりわからない。

「フレーズ取ってこい!」と言われても、彼は「はい!」とすぐに動くのに、私はフレーズが何かがわからず怒鳴られる……(「フレーズ」とはフランス語で「いちご」のことです)。

このままでは仕事をまかせてもらえないと焦って、必死で横目で盗み見しながらついていっていました。


お店は10時開店なので、その前にショーケースに並べるケーキを準備します。厨房の仕事を実質的に取り仕切っていたのは「スーシェフ」と呼ばれる二番手でしたが、〝神〟はいつやってくるかわかりません。

だいたいオープンの10分ほど前に地下に下りてきて、「このケーキを仕上げたのは誰だ?」とショーケースの中にあったケーキを差し出し、最初からやり直しを命じる。

そして、厨房を回ってゴミ箱をチェックし、「素材を無駄にするな!」と叱りつけて、立ち去っていく。

残業は連日21時、22時まで(念のためにお伝えしますと、会社がこういった体制だったわけでなく、すべて当時のシェフの一存で行われていました)。

毎日ヘトヘトになり、理不尽さに耐えながらもお菓子づくりの世界の厳しさに体を慣らしていった。

そんな日々を送りながら、外の天気もわからない地下の厨房の中で、お菓子職人としての私のキャリアが始まったのです。

視点を変えるヒント

新入社員の頃の出来事で、今も教訓になっていることはないか、思い出してみる。

人に喜ばれる仕事がしたい。
その原点は
「カエル」の成功体験

ヨックモックに入って半年ほど経った頃のことでした。

お菓子のコンテストが近々開催されるということで、先輩たちがいつもより遅くまで残って作品づくりに励んでいました。

下っ端の私は、先輩が帰るまで帰れません。やることもないので、ぼーっとしていると、シェフから「お前、暇ならマジパンで何かつくる練習をしていろ」と言い渡されました。

マジパンとは、アーモンドと砂糖を練ったもので、粘土細工のように自由に形をつくれるのでケーキの飾りによく使われます。

当時の私はあまりにもつらい修業の日々に、「もう辞めたい。いつ辞められるかな……」と後ろ向きなことばかり考えていました。

まったくお菓子づくりにやる気を持てていませんでしたし、「どうせ親父の店を継ぐことは決まっているのだから、修業期間をなんとなくやり過ごせたらいい」くらいに思っていたかもしれません。

ですから、このときもマジパンの見本が載っているテキストをパラパラとめくって、一番簡単そうだった「カエル」を選んだのです。

完成させたカエルをシェフに見せると、「お前、上手に作ったじゃないか」と珍しくほめてくれました。

さらにシェフは、自らマジパンを練って即席で「笹の舟」を作り、その上に私が作ったカエルをちょこんと載せて、かわいらしい飾りとして仕上げてくれました。そしてなんと、その飾りを載せたケーキが翌日にショーケースに並ぶことになったのです。

私にとっては、生まれてはじめて「自分の作ったお菓子が売られる」という出来事です。

出社する前から鼓動が高鳴り、本当にショーケースに並んでいることを確認して、休憩のたびに「売れたかな?」と見に行っていました。

そして、ついに……。

売れた！

飛び上がるほどうれしかったことを覚えています。

雷に打たれたような、全身が震える原体験

さらに驚きの展開が待っていました。その数か月後に入ったバースデーケーキの注文に、なんと「カエルの飾りを載せてください」というリクエストがあったのです。

たまたまその注文書を見たシェフが私に言いました。

「これはお前の仕事だろう」

雷に打たれたように、背筋が伸びました。

「今回は、俺は何も手伝わない。どういう飾りにするのか、全部自分で考えてやれ」

お祝いのケーキに、どんな飾りを作ればいいのか。いろんな本で調べてみたり、渋谷の東急ハンズに行って雑貨を見て回ったりと、考えてみました。

そしてひらめいたのは、カエルのカップルをベンチに座らせるというイメージ。ネクタイをつけた男の子のカエルと、リボンをつけた女の子のカエルがベンチに仲良く座っている。

そんな世界をマジパンで作って、「喜んでくれますように」と願いながら仕上げました。

完成させたマジパンを見て、シェフは言いました。

「お前が自分でお客さまに手渡してきなさい」

びっくりしました。お菓子職人はあくまで黒子であって、地下の厨房から上がって接客する機会はほとんどありません。

いま思えば、シェフは私に舞台を用意してくれたのでしょう。厳しく理不尽なところもありましたが、いい上司だったと思います。

お客さまが来店されたと聞き、ドキドキしながら階段を上がり、ケーキを手渡ししました。

「わぁ！　すごくかわいい！」

見た瞬間に喜んでくださるお客さまの笑顔。その姿を目にして、私は自分の心も喜びで満たされていくのを感じていました。

人に喜んでもらえると、自分もこんなにうれしいのか――。

この日を境に、私はもう辞めたいとは思わなくなったのです。

視点を変えるヒント

初めて仕事の喜びを感じたのは、いつ、どんなときだったか、思い出してみる。

人に喜ばれたら、
自分もうれしい。
幸せを膨らませる仕事に
没頭してきた

自分が作ったお菓子で、こんなに人を喜ばせることができるんだ。
人に喜んでもらうと、こんなにうれしく、心が満たされるんだ。

ならば、もっともっとおいしいお菓子を作れるようになりたい。

「カエル」の出来事があった日から、私は人が変わったようにお菓子づくりにのめり込んでいきました。

お菓子の技術を磨くことの目的が明確になったからです。

もっとたくさんの人の笑顔をつくるため。

そして、自分の笑顔ももっと増やすため。

つまり、**誰かのためであると同時に、自分自身の幸せのためにも、お菓子づくりの知識を学ぼうと本気で思えるようになった**のです。

それからは、出勤も遅い時間まで続く練習も苦にならず、休みの日には書店に行って洋菓子の専門書を買うなど、お菓子づくりに向き合う態度がまるっきり変わりました。

シェフは相変わらず怖くて厳しく、時折、私を試すような不可解な行動もありましたが、期待をかけて育ててくれたことに感謝しています。

私を育ててくれたシェフとの思い出

たとえば、こんなことがありました。

金曜日、営業後の片づけをしている私にシェフが声をかけてきました。

「おい、明日の4時に俺の家まで来い。ヨットに乗せてやるから」

自慢のプライベートヨットに乗せてくれるというのです。4時というのは、朝の4時。天気は雨予報でしたが、「雨天決行だぞ」と気にする様子はありません。

〝シェフは神〟ですので、翌朝まだ暗い中をタクシーを走らせて、眠い目をこすりながらシェフの自宅前まで行きました。当時私が住んでいた代々木上原から、シェフが住む尾山台まで、ゆうに30分はかかったと思います。

ところがシェフは一向に現れません。雨の中5時、6時と待ち、すっかり夜が明けて7時になった時点で電話をかけると、いきなり怒られました。

「お前、人が寝ているところを叩き起こすな。雨天欠航に決まっているじゃないか！」

もう、泣きたくなりました。

その翌週末、またシェフから誘いがありました。

また待たされるかもしれないな……と不安に思いながら、指定の時間に訪ねると、今度は車の助手席に私を乗せ、シェフの知り合いが経営する洋菓子店5、6軒に連れていってくれたのです。

マジパンをまかせてくれた一件といい、休みの日を私のために使ってくれたこの日の出来事といい、**「その道を極めたプロが、自分に期待をかけてくれている」という思いを得られた体験が、今につながっています。**

行動を変えるヒント

自分を育ててくれた恩師になったつもりで、部下・後輩に接してみる。

実家の店が突然の倒産……。
ゼロからのリセットで
原点回帰

お菓子づくりにやりがいを見出し、真面目に修業を続けていた私は、将来プランに向かって着々と進んでいるつもりでした。
将来プランとは、「岐阜の実家に戻って、親父の店を継ぐこと」。子どもの頃から疑うことなく受け入れてきた自分の運命です。

しかし、それが根底から覆される出来事が起きたのです。

店がつぶれた――。

母からの連絡によると、保証人のトラブルに巻き込まれ、父は多額の借金を負い、店を担保に取られてしまったというのです。
お人よしの親父らしいな……と思いながらも、子どもの頃から親しんできた生家の店がなくなってしまうという現実がショックでした。
悔しさと寂しさと同時に、「これから自分はどうなってしまうのだろう」という不安も一気に押し寄せてきました。

店を継ぐという大義があったから、私はお菓子の世界に入りました。

その大義がなくなれば、どこで何をしたらいいのか……。

私は目標を見失いました。27歳のときのことです。

お菓子の世界から離れて気づいたこと

目標を見失った私が働きはじめたのは、北軽井沢のペンションでした。

とりあえず、私がすぐに役に立てるのは調理場の仕事。ペンションを選んだのは、お金を節約するために住み込みで働く必要があったからです。

一度、お菓子の世界から離れてみることで、自分の本心を確かめてみたいという考えもありました。たとえ父の店がなくなったとしても、お菓子づくりに人生を捧げようという気持ちになれるのかどうか、自分で自分を試してみたかったのです。

迎えてくれたオーナーはとてもいい方で、私を受け入れてくれました。私もその親切に応えようと一生懸命働きました。

ペンションの宿泊客のために食事を作る仕事のリズムにも慣れてきた2年目の冬、オーナーから「所くん、お願いがあるんだけど」と声をかけられました。

「クリスマスケーキを焼いてくれないかな。ほら、ずっとケーキ屋にいたって言っていたでしょう？」

お菓子づくりは久しぶりでした。ペンションの調理場にはホールケーキを焼くためのオーブンもなかったので、ふだんはローストビーフを焼いているオーブンを使ってスポンジを焼いたのを覚えています。

生クリームをきめ細かく泡立ててデコレーションをしていると、オーナーがにっこりと笑って一言。

「所くんはケーキを作っているときが一番楽しそうだね」と言ったのです。

その一言で、私は「ケーキ屋に戻ろう」と決意できました。

転職活動中、偶然入った運命の電話

移った先は、学生時代を過ごした名古屋にある小さなケーキ屋さん。しかしながら、給与の計算方式が聞いていた話と全然違っていたりと労務上の問題に直面し、「個人店より企業に就職しよう」と転職活動を始めました。

親友が勤めていた名大社が主催していた「転職企業展」に参加してみてその会場で知ったのが、チタカ・インターナショナル・フーズという会社。

チタカは「ケンタッキーフライドチキン」や「ミスタードーナツ」のフランチャイズライセンスで急成長した外食の会社です。当時は自社ブランドのとんかつ店「知多家」を始めてどんどん出店していた頃で、転職イベントにブースを出した主目的も、とんかつ店の店長候補探しだったようです。

「とんかつはどう?」と私も勧められたものの、まったく畑違いだったのであまり気が乗らず、履歴書だけ置いてブースを後にしました。

もう縁はないだろうと思っていましたが、数日後に電話が鳴り、「東京の恵比寿にある洋菓子店にスタッフの空きが出たので、働いてみませんか」というオファーが。

その洋菓子店こそ、「パステル」。たまたまそのタイミングで空きが出たから私はここで働くことになった。まさに運命の導きでした。

視点を変えるヒント

挫折を味わったときのことを思い出して、初心に帰ってみる。

近くの先に遠くがある。
胸を張って、
自信と誇りを持てる仕事を

最初はまったく期待されていなかったお菓子部門の小さな店舗で生まれた「なめらかプリン」は、評判がクチコミで広がり、人気芸能人がテレビや雑誌で紹介してくれたことをきっかけに大ブレイク。一気に会社の屋台骨になりました。

しかしながら、最初から順調に売れたわけではありません。

店をまかされるようになって、私がスタッフに繰り返し伝えていたのは、**「近くの先に遠くがある」**ということです。

地域から信頼を得て、まずは近くにいる方々にお客さまになってもらうことが第一歩。近くのお客さまに喜んでもらったその先に、遠くのお客さまとの出会いもある。

「大ヒットをねらおう!」と意気込むと、どこか遠くにいる大勢の人々がお客さまだと勘違いしてしまいがちですが、**まずは顔の見える身近な人を笑顔にするべきなのです。**

隣近所の人が買いに来ないお菓子を、1km先の人が買いに来るわけがありませんから。

パステルのユニフォームを着たまま買い物。そのわけは……

とにかく、近所から攻めよう！

そう決めると、ふだんの買い物のルールも決まりました。
お昼休憩で食べるお弁当は、4軒先にあるお弁当屋さんで。
薬を買うときは同じ通り沿いの薬局で。
男性スタッフの髪が伸びれば、角を曲がった先にある理髪店で切ってもらいました。

ポイントは、パステルのマークのついたユニフォームを着たまま行くこと（今は店の外に出るときはユニフォームを脱ぐのが原則の店が増えましたが、当時はとがめられませんでした)。

そして、元気に笑顔でご挨拶。

「あ、パステルの方が、また買いに来てくれたんだね」と町中に覚えてもらうことで、店の名前を売る。ファンとは言わずとも、せめて仲間になってもらう。

そうやって、**地域の関係性の基盤をつくることが大切**だと考えていました。

自分の仕事に誇りを持つために

従業員にユニフォームを着たまま外を歩かせることには、もう一つのねらいがありました。

店に対して自信と誇りがなければ、店の名前を提げて堂々と歩くことはできません。

つまり、ユニフォームを着て外を歩くだけで、**「近所を歩いて恥ずかしくないくらいの仕事をしよう」と背筋が伸び、日々のお菓子づくりに臨む姿勢が磨かれるはずなのです。**

その後「なめらかプリン」が大ヒットしたとき、店の前にお客さまの行列ができたり、配送用のトラックが長時間停まったりと、ご近所の方々にはご迷惑をおかけしたことがあったはずです。

そんなときにも、大きなトラブルもなく、近隣のみなさまにはご理解とご協力をいただくことができました。

売れない頃からご近所との関係を大切にしてきたことが、多少なりともプラスに働いたのではないかと考えています。

行動を変えるヒント

遠くにいるお客さまの前に、顔の見える身近な人のことを大事にする。

大ヒットでスピード出世も、現場に戻ろうと決意した理由

恵比寿の小さなアトリエで生まれたパステルの「なめらかプリン」は売れに売れて、大ヒット。

まったく期待も注目もされていない部門だったのに、瞬く間に会社の稼ぎ頭になりました。いま思えば、「期待も注目もされていない」傍流の仕事だったからこそ、自由な発想でチャレンジできたのかもしれませんね。

その意味では、**「会社に期待されていない部門にいる自分は、どうせ……」なんて卑屈になるのはもったいない。**自分のアイディアと努力次第で、花形の仕事に変えてやる！　くらいの気持ちでチャレンジしてみてもいいのではないでしょうか。

話を戻して、当時の私を振り返ると、とにかくほとんど寝る暇もないほど大忙しでした。

プリンは作れば作るだけ売れて、毎年のように新工場を建てて、人を採用していました。教育もしないといけないのですが、いかんせん売上の急伸に対して組織体制がついていっていませんでした。

「人を育てるための人が育っていない」のが現状だったので、私が商品開発も工場の現場の管理も、工場長をまとめる役割も全部担っている状態が3〜4年続きました。

だんだんと人が育ち、生産の体制も整うようになってくると、私がいなくても現場は回るようになってきました。

「後進育成のためにも、所さんはできるだけ手を出さないように」と社長からもお達しがあり、なるべくまかせるようにと気持ちを切り替えました。

しかしながら、やはり寂しいのです。

仕事を評価されて取締役になり、給料も増えたが、仕事といえば接待や会食。たまに現場に行っても、少し味見して「こんなふうにやってみたら？」と助言をするくらいしかできない。厨房ではなく会議室に閉じこもって、数字とにらめっこをする。あれだけ大切にしてきた、「誰かの笑顔」を感じられる時間はほとんどありませんでした。

心からワクワクする日々を過ごせていないなぁ……。

そんな違和感を徐々に抱くようになっていました。
「何言っているんだ。みんなそのポジションを目指してがんばっているんだぞ」と笑われたりもしましたが、自分の性に合っていないという感覚は次第に確信へと変わっていきました。
「このままでは、パティシエとしての鮮度が落ちてしまう」という危機感が募り、いてもたってもいられなくなりました。

心の奥にポッと灯る温かな記憶は「カエル」でした。

そう、最初に就職したヨックモックの地下の調理場で、初めて作ったマジパンのカエル。初めて買ってくれたお客さまの笑顔。その笑顔を目にしたときの、全身が震えるような感動――。

原点に戻ろう。

決意は固まり、私は会社を辞め、独立することを決意しました。

自分が作ったお菓子によって、誰かの笑顔をたくさんつくるために。

甘くない世界だとはわかっていました。もしかしたら、後悔するかもしれないというおそれもありました。

それでも、**地位やお金よりも、私は自分が心の底からワクワクできることに挑戦したいと決めたのです。**

視点を変えるヒント

「心の底からワクワクできるのは、何をしているとき？」と自問してみる。

地位や報酬よりも大切なもの。
50歳を前に会社を辞めて
独立の道へ

会社を辞めると決めたとき、一番苦労したのは家族の説得でした。

なぜなら、私はそれまでお菓子の勉強のためと称してお金を使うことにばかり一生懸命で、蓄えをほとんどしていなかったからです。

せっかく大企業の役員に出世できたのに、そのポジションを捨てるなんて……と、最初は大反対にあいましたが、最後は私の気持ちを尊重してくれました。

私自身はというと、もちろん不安はありましたが、「なんとかなるだろう」とどこか腹は据わっていました。

おそらく20代で経験した実家の店の倒産の記憶が、逆に〝強さ〟を与えてくれていたのかもしれません。**「全部失ったとしても、あのときと同じようにまた始めればいい」**と。

1個600円の「高級プリン」も爆売れ。しかし……

辞めるときには、すでに新しい事業プランも進んでいました。

元同僚から「友人に優秀な経営コンサルタントがいるから、高品質のお菓子をインターネットのみで販売する無店舗型のビジネスを3人でやらないか」という誘いをもらい、私は製菓担当として参加することを決めていたのです。

素材にこだわって作ったプリンを陶器に詰めて1個600円に設定し、5個で3000円のセット販売しかしないという高級路線の販売プランは見事に当たり、スタートしてすぐに売れはじめました。

これも、気に入ってくださった芸能人の方が、テレビで紹介してくれたことがきっかけ。注文のファクスが途切れなく流れ続ける状態で、私は寝る間も惜しんで、休暇もほとんど取らずにプリンを作り続けていました。

「このままじゃ品質が落ちるから、新規注文はいったん休止してほしい」とビジネスパートナーに頼んで、「わかった」という返事を聞いたはずですが、実際には止めていなかった。

やはり、最初は思いを同じにしていた仲間でも、売れると欲が出てくるのでしょう。「所さんが作れないなら、ほかの人に作らせたい」と言われたときには、「自分の名前をつけた商品には責任を持ちたい」と断固、反対しました。

だんだんと価値観のズレが鮮明になり、結局、私は1年足らずで離れることになったのです。

願ってもない、ラジオ局からのオファーが！

会社を辞め、信頼して組んだはずのビジネスパートナーとも別れ、私はたった一人になりました。

けれど、救う神あり。

地元のラジオ局「ZIP-FM」から、「所さんが作るお菓子を売らせてくれないか」というオファーが舞い込んだのです。

縁結びの女神は、パステル時代から私を応援してくださっていた、ラジオナビゲーターの宮本絢子さん。

最初のきっかけは、宮本さんが自分の番組のゲストに音楽グループ「ビースティーボーイズ」を迎えた際に、デザートとして出したプリンでした。

その味をたいそう気に入ってくださったメンバーのみなさんは、事前に用意した話題そっちのけで盛り上がり、番組の半分以上がプリンの話に。


番組が終わったあとも、「このプリンを作った職人さんに会いたい」と熱望され、私は宮本さんのお導きによって、彼らが滞在するホテルまでおじゃますることに。

せっかくなのでと、彼らのためにプリンを作って指定されたホテルのロビーまで行きました。しかし、結局、警備上の問題で、会うことができなかったのです。

「わざわざ作ってきてくれたのに、本当にごめんなさい」と何度も頭を下げていた宮本さん。ラジオ局の方も、このエピソードはよくご存じだったようです。

たまたま番組のサイトで販売する商品を拡充しようというタイミングで、私の顔を思い出してくださったのでしょう。


「プリンを作って売りたい。でも、販路がない」と八方塞《ふさ》がりになっていた私にと

っては、願ってもないオファーでした。

しかも、ラジオ局ですから宣伝力もバッチリです。私はプリンのほか、配送しやすい形態のケーキということで「ロールケーキ」も売り出すことにしました。

かくして、「TOKOROプリン」「TOKOROロール」が誕生しました。

おかげさまでご好評をいただき、店を出すまでに必要な信頼を得ることもでき、1年後の佳き日、夢にまで見た私の店「プルシック」のオープンが実現したのです。

視点を変えるヒント

自分にとって「地位や報酬よりも大事なもの」は何だろうか、と考えてみる。

シンプルに、
ベーシックを極めたい。
だから店名は「プルシック」

2010年の9月7日、「プルシック」は岐阜市内でオープンしました。

店名の「プルシック」は、「シンプル」と「ベーシック」を組み合わせた造語です。

その名のとおり、食材と製法、鮮度にこだわり、真面目な姿勢でお菓子づくりに向き合うという決意を込めました。


オープン当初から言い続けてきたのは、**「お菓子づくりは、笑顔づくり！」**。

私がお菓子を作った先に、たくさんの笑顔が生まれ、やがて世界平和へとつながりますように。その気持ちは10年経った今でも変わりません。


もう一つ、私が大事にすると決めている方針があります。

「人を中心に、人を大事にする」というポリシーです。


今は便利な時代で、何でも機械化・自動化が進み、経営の効率だけを考えれば、人がまったくかかわらずに仕事を完成させる方向へと突き進むことになるでしょう。

お菓子づくりにおいても、攪拌《かくはん》や泡立て、蒸す、焼くなど、さまざまな技術が日進月歩で向上しています。今の技術をもってすれば、すべての工程を機械にまかせて、形や味を一定に保った高品質なお菓子を量産することは可能になります。

けれど、それでは私たちはいったい何のために仕事をしているのか、わからなくなってしまいます。

「誰がやってもうまくいく仕事」を増やすのか、「あの人にしかできない仕事」を増やすのか。

私は後者を目指すべきではないかと思うのです。

作り手のプライドを思い出させてくれた「仕上げの70回」

ヨックモックに入社して最初の1か月ほどで受けた社員研修の中で、特に印象的だった「仕上げの70回」という話があります。

今やあのブランドの代名詞的な存在となったロングセラー商品「シガール」も、

最初は全部手づくりから始まったもの。薄く伸ばしたクッキー地を、一つひとつ箸でクルンと巻いて形を作っていたそうです。

東京土産の定番として定着した今は、量産のためにほとんどの工程が機械化されていて、新入社員だった私が工場研修に行った際も、巨大な鍋の中でバターや砂糖が大量に投入されて攪拌され、生地がすり切りされ、焼いて、巻いて、冷やして、袋に入れられ、印字され……という機械による完璧な流れが整っていました。

ただし、その中で唯一、「人の手」が加わるプロセスがあったのです。それは、生地を機械で練り上げたあとに、人の手で70回混ぜるというプロセス。「心を込めて混ぜることで、もっとおいしくなる」というのです。

私も実際に手袋をはめて、70回混ぜてみました。混ぜてみたところで生地の見た目は変わらず、どう考えても味が変わるとは思えません。

要は、作り手である自分たちのプライドの問題なのだと理解しました。

どんなに機械化されたとしても、この味を守るのは自分たちなんだ。

〝味の番人〟としてのプライドを、いつまでも保ち続けよう。

そんな思いをストレートに感じて、とても感銘を受けたのを覚えています。

かかわる人みんなの笑顔こそが喜び

プルシックもまた、作り手の誇りを感じていただける店でありたいと思っています。

お店の中の厨房でお菓子を作るスタッフだけでなく、**かかわる人すべてが誇りを感じられる店でありたい**、と。

だから、お店を建てるときには、大工さんや水道、電気、ガス、とにかく関係者をすべて集めて「決起集会」を開きました。

「一つのものを一緒につくるチームなのだから、顔を合わせないとおかしいだろう」と声をかけてお酒を振る舞い、仲良くなってもらったのです。

一度こういう機会をつくって打ち解けたことで、「工事中に木くずが出るときは、近所の車にかからないように注意してくださいね」と直接お願いできる関係にもなれました。

そして、オープン当日。シンプルで洗練され、温かさも感じられる、思い描いたイメージを上回る素敵なお店が建ちました。

お店の入口には、1枚の大きなパネル。店の建設中に工事関係者のみなさんが働く様子を撮った写真を、大きく引き伸ばして飾ったのです。

ふだんは決して表に出ることはない人たちですから、すごく喜んでくれました。

笑顔にしたいのは、お客さまだけじゃない。
ともに仕事をする仲間が笑顔になってくれることもまた、私の喜びなのです。

行動を変えるヒント

お客さまだけではなく、スタッフやお取引先など、かかわる人みんなの幸せを考える。

おわりに――すべては、一人でも多くの人の笑顔のために

卵と牛乳と生クリームと砂糖。これらシンプルな材料だけで作れるプリンを、私は今日も作り、人に伝えています。

私にとってプリンは手段です。

目的は、一人でも多くの人の笑顔をつくること。

そして、自分の腕を磨き続けることに集中しています。

周りと自分を比較して、誰かの欠点を見つけては指摘して、自分を安心させるような生き方はしたくありません。

ただ一心に愚直に、自分を向上させ、成長させることだけに集中していきたいのです。

その気持ちさえあれば、つらいことも悲しいことも、すべてが自分を前に進めるための糧になります。

「苦労して完成させたレシピを、どうして公開するんですか？」

よく聞かれる質問ですが、私にとって手元にあるレシピは、〝過去の産物〟でしかありません。

私はもっとその先に行きたいし、つねに進化を続けているつもりです。
だから、過去の自分が積み上げた完成品に対してはこだわりがない。
私のレシピを使って、笑顔を広げていただけるのもありがたいこと。
でも私はもっと腕を磨き、その先を行くのだという気持ちでいるのです。

プリンは人を笑顔にします。
そして、笑顔を増やすプリンを、もっともっと日本中に増やしていきたい。
その先には、「人を大切にする世の中」があるはずだから。

いろいろな人生経験をしてきて思うのは、**「人と人とのかかわりの中で生まれるものこそが、何よりも尊く、味わい深く、感動を与えてくれる」**ということです。

素晴らしい景色や芸術を見ることでも感動は得られるかもしれませんが、人とのかかわりの中で何かを一緒に成し遂げられたときの感動のほうがはるかに大きくて意味がある――そう確信しています。

そしてその感動は、2人よりも3人、3人よりも4人と、かかわる人の数が増えるほど輪が広がって大きくなっていく。

全国各地で「ご当地プリン」を開発していてよかったなと思えるのは、その近隣地域の卵や牛乳の生産者・販売者の方々も巻き込んで、地域ごと元気にして笑顔を増やせることです。とてもやりがいを感じています。

プリンを食べて、笑顔にならない人はいません。

そこには、新たなコミュニケーションが生まれ、新たなコラボレーションへとつながっていきます。

私は今、お菓子の業界だけではなく飲食業界、さらには飲食以外の業界まで広げて、人と人をつなぐ活動を始めています。

人生、すべてが学び。
偶然の出来事や出会いを、どう生かすかも自分次第。
感謝と努力を惜しまず、前に進み続けた人には、
きっと「感動」というごほうびが待っている。

そう信じて、今日も私はプリンを作り続けています。

購入者限定特典

「著者の哲学をもっと知りたい」と思った方のために、
本書に未収録の原稿を2本、ご用意いたしました。

収録内容

- 努力や根性は“悪者”か？
- ないときもあるときも、自分を磨く。
人生を豊かにするお金の使い方

下記の QR コードより
ダウンロードしてお読みいただけます（PDF 形式）。
ぜひ、あわせてお楽しみください。

特典ページ URL
https://d21.co.jp/special/singlepoint/

ログイン ID
discover2804

ログインパスワード
singlepoint

とことん、「一点だけ」で突き抜ける

発行日　2021 年 12 月 25 日　第 1 刷

Author　所　浩史

Book Designer　井上新八（カバー）　二ノ宮　匡（本文）

Publication　株式会社ディスカヴァー・トゥエンティワン
〒 102-0093　東京都千代田区平河町 2-16-1 平河町森タワー 11F
TEL　03-3237-8321（代表）03-3237-8345（営業）
FAX　03-3237-8323
https://d21.co.jp/

Publisher　谷口奈緒美
Editor　三谷祐一　（編集協力：宮本恵理子）

Store Sales Company
安永智洋　伊東佑真　榊原僚　佐藤昌幸　古矢薫　青木翔平　青木涼馬　井筒浩　小田木もも
越智佳南子　小山怜那　川本寛子　佐竹祐哉　佐藤淳基　佐々木玲奈　副島杏南　高橋雛乃
滝口景太郎　竹内大貴　辰巳佳衣　津野主揮　野村美空　羽地夕夏　廣内悠理　松ノ下直輝
宮田有利子　山中麻吏　井澤徳子　石橋佐知子　伊藤香　葛目美枝子　鈴木洋子　畑野衣見
藤井かおり　藤井多穂子　町田加奈子

EPublishing Company
三輪真也　小田孝文　飯田智樹　川島理　中島俊平　松原史与志　磯部隆　大崎双葉
岡本雄太郎　越野志絵良　斎藤悠人　庄司知世　中西花　西川なつか　野﨑竜海　野中保奈美
三角真穂　八木眸　高原未来子　中澤泰宏　伊藤由美　俵敬子

Product Company
大山聡子　大竹朝子　小関勝則　千葉正幸　原典宏　藤田浩芳　榎本明日香　倉田華　志摩麻衣
舘瑞恵　橋本莉奈　牧野類　三谷祐一　元木優子　安永姫菜　渡辺基志　小石亜季

Business Solution Company
蛯原昇　早水真吾　志摩晃司　野村美紀　林秀樹　南健一　村尾純司

Corporate Design Group
森谷真一　大星多聞　堀部直人　村松伸哉　井上竜之介　王廳　奥田千晶　佐藤サラ圭　杉田彰子
田中亜紀　福永友紀　山田諭志　池田望　石光まゆ子　齋藤朋子　竹村あゆみ　福田章平
丸山香織　宮崎陽子　阿知波淳平　伊藤花笑　伊藤沙恵　岩城萌花　岩淵瞭　内堀瑞穂　遠藤文香
王玮祎　大野真里菜　大場美範　小田日和　加藤沙葵　金子瑞実　河北美汐　吉川由莉
菊地美恵　工藤奈津子　黒野有花　小林雅治　坂上めぐみ　佐瀬遥香　鈴木あさひ　関紗也乃
高田彩菜　瀧山響子　田澤愛実　田中真悠　田山礼真　玉井里奈　鶴岡蒼也　道玄萌　富永啓
中島魁星　永田健太　夏山千穂　原千晶　平池輝　日吉理咲　星明里　峯岸美有　森脇隆登

Proofreader　文字工房燦光
DTP　株式会社 RUHIA
Printing　シナノ印刷株式会社

ISBN978-4-7993-2804-0